Niklas Schügerl

Der Schlüssel zur Zukunft

Eine wertebasierte Perspektive für eine ethische
KI-Entwicklung

AF192328

Widmung

Niklas Schügerl

Der Schlüssel zur Zukunft

Eine wertebasierte Perspektive für eine ethische
KI-Entwicklung

Bibliografische Information der Deutschen Nationalbibliothek:
Die Deutsche Nationalbibliothek verzeichnet diese Publikation in der Deutschen Nationalbibliografie; detaillierte bibliografische Daten sind im Internet über http://dnb.dnb.de abrufbar.

Verlag: BoD · Books on Demand GmbH, In de Tarpen 42, 22848 Norderstedt

Druck: Libri Plureos GmbH, Friedensallee 273, 22763 Hamburg

ISBN: 978-3-7597-9582-3

Inhaltsverzeichnis

I

IV

VORWORT

Liebe Leserinnen und Leser,

spätestens seit 2022/2023 ist „Künstliche Intelligenz" nicht nur medial, sondern auch gesellschaftlich omnipräsent. Trotzdem wissen selbst Interessenten, die sich immer wieder mit „KI", so die Abkürzung, beschäftigen, nicht richtig, wie KI-Systeme eigentlich entstehen, wer dahintersteckt und wofür sie eigentlich eingesetzt werden. Denn auch wenn „Chat GPT", ein bekanntes KI-Tool, welches in aller Munde ist, sich durch genau diese mediale Omnipräsenz fest in den Köpfen eines großen Teils der Bevölkerung manifestiert hat, so muss man bei genauerer Betrachtung feststellen, dass genau dieses fast schon berühmte KI-Tool nicht gerade zu den fortschrittlichsten KI-Systemen zählt.

Je fortschrittlicher die KI, desto ausführlichere und vor allem strengere Regulierungen zur Vermeidung möglicher ethischer Implikationen sind notwendig, was jedoch nicht heißen mag, dass die „nicht fortschrittliche KI" Chat GPT nur der Selbstregulierung unterlegen sein sollte. Gesetzliche Ansätze sollen in diesem Buch hinterfragt, aber auch gelobt werden und durch Nennung zahlreicher Vor- und Nachteile den Leser zur kritischen Auseinandersetzung mit jenen Gesetzen auffordern.

Auch die Meinungen unterschiedlicher KIs (Chat GPT, Gemini…), sofern eine KI überhaupt eine Meinung haben kann, eine Thematik, die im Buch ebenfalls diskutiert wird, werden dargestellt.

Inhalte, die mit KI-Einsatz generiert wurden, werden im folgenden Buch kursiv und eingerückt dargestellt.

Ein interdisziplinärer Zugang zu KI soll vermittelt werden, um sich kritisch mit diesen zukunftsrelevanten Technologien auseinandersetzen zu können. Ordnung in sämtliche Zugänge bringt das folgende Buch durch seine 4 Teile (Einführendes, Rechtliches, Menschliches, Abschließendes), wobei der dritte Teil „Menschliches" am ausführlichsten dargestellt wird, ein Hinweis, der auf die Wichtigkeit der Menschen im Bereich der KI-Ethik verweisen soll. Die alleinige Auseinandersetzung mit der aktuellen KI-Thematik ist selbst für den Laien der erste wichtige, große Schritt in die richtige Richtung, wenn die richtige Richtung eine Zukunft mit KI und nicht gegen KI sein soll.

„Der Schlüssel zur Zukunft – Eine wertebasierte Perspektive für eine ethische KI-Entwicklung" soll wie der Titel bereits verrät, eine Anleitung sein, wie selbst noch fortschrittlichere KI-Technologien wie wir sie heute kennen, zu verwenden sind, damit auch in Zukunft die Vorteile dieser Technologien klar überwiegen. Die gesellschaftlichen Auswirkungen sollen durch die ausgewogene Balance zwischen „Angst machen" und „Angst nehmen" klar werden und zu einem objektiveren Diskurs über „Künstliche Intelligenz" führen. Denn es gibt nichts Objektiveres als KI selbst. Begeben wir uns in eine bessere Welt, in der sowohl „künstliche" als auch „menschliche" Intelligenz eine bedeutende Rolle einnimmt.

Herzlichst,
Niklas Schügerl

Teil 1

Einführendes

Kapitel 1-4

Künstliche Intelligenz, eingebettet in die heutige moderne Gesellschaft, war wohl das Thema im Jahr 2023. Daraufhin kürte das Wissenschaftsjournal „Nature" den KI-Chatbot „Chat GPT", kurz für „Chat Generative Pre-Trained Transformer", zu den Top-Forschern des Jahres, wobei man bedenken muss, dass statt den normalen, jährlichen 10 Plätzen für die KI-Technologie ein 11. Platz erschaffen wurde. Dass KI-Systeme einen wichtigen Platz als Forschungsgebiet, aber auch als Forschungsinstrument einnehmen, ist wohl kaum zu leugnen. Doch wenn man beachtet, dass mit dem Prinzip der Wissenschaftlichkeit bedingt ein neuer Aspekt zum Vorschein kommen muss, damit man überhaupt von „wissenschaftlich" reden kann, so ist der Titel „Top-Forscher" für Chat GPT nicht gerechtfertigt und verbreitet nicht nur falsche Informationen, sondern auch Angst in der Bevölkerung. Hierbei handelt es sich nur um ein verhältnismäßig harmloses Beispiel, wenn es um „ethisch nicht korrekte KI" gehen soll, und damit ist keineswegs der Chatbot Chat GPT gemeint. Doch was ist an der Kürung zum Top-Forscher so fatal? Genau diesen und anderen Fragen werden im Buch nachgegangen und durch die objektive Darstellung von Pro, Contra und dem größten Teil, jener, der genau zwischen Pro und Contra liegt, ein Überblick über grundlegende, rechtliche und ethische KI-Fakten gegeben.

Die Dringlichkeit ethischer KI

Wissen ist exponentiell. Diese Aussage legt nahe, dass der Erwerb von neuem Wissen einen sich selbst verstärkenden

Prozess in Gang setzt. Recht ähnlich ist es auch bei der Erfindung neuer Technologien, Technologien wie beispielsweise „Künstliche Intelligenz". „Durch Regulierungen dämmt man das exponentielle Wissenswachstum ein, bis es linear ist oder sich umkehrt." Dieser Satz entspricht nicht der Wirklichkeit. Die folgenden recht philosophischen Ansätze sollen dies durch die Auseinandersetzung mit den Begriffen „Regel" und „Einschränkung" aufzeigen.

„Eine Regel ist keine Einschränkung." Dies sagte der österreichische Universitätsprofessor Dr. Ernst Leo Marboe und machte klar, dass es sich bei jenen beiden Wörtern nicht um Synonyme handelt. Eine Regel versteht sich als etwas meist Bindendes, einzuhalten zwischen einer abgegrenzten Gruppe von Personen, Institutionen und Organisationen. Eine Einschränkung wird als etwas Begrenzendes definiert, um eine Handlung bewusst zu verhindern. Eine Regel kann also sehr wohl eine Einschränkung sein, aber nur, wenn das bewusst gewollte Handeln einer Person nicht mit der Regel übereinstimmt. Zur Verdeutlichung können 2 unterschiedliche Personen mit denselben Regelbedingungen aufgezeigt werden. Die Regel in diesem Beispiel ist ein Gesetz, welches den Mord an Personen verbieten und bestrafen soll. Person A ist aufgrund eines Konflikts gewollt, jemanden zu töten. Das Gesetz verbietet es und ist für die Person eine klare Einschränkung. Person B, mit denselben Regeln, will niemanden umbringen und ist daher im Handeln nicht eingeschränkt. Gleiche Regel, unterschiedlicher Einschränkungsgrad.

Ein weiteres Beispiel kann im Straßenverkehr aufgezeigt werden, diesmal mit 3 Personen in 3 Fahrzeugen, die vor derselben Kreuzung stehen. Person A will nach rechts, darf dies auch. Person B will gerade aus, darf dies nicht aufgrund des Schildes „Verbot der Einfahrt". Person C will nach links, darf dies auch, allerdings ist die Durchfahrt wegen des Schildes „Spielstraße" verboten, die Person muss zwischendurch das Fahrzeug abstellen. Die Straßenverkehrsordnung, die Regeln, sind für alle gleich und trotzdem kommt es mal zu einer totalen Einschränkung, mal zu einer kleineren, mal zu gar keiner.

Auf die KI-Thematik projiziert bedeutet dies, dass eine Regulierung durch ein Gesetz für viele wohl keine Einschränkung sein muss, sofern ihr bewusstes Handeln „ethisch korrekt" ist, ein Begriff, der im folgenden Buch noch weiter operationalisiert wird. Sollte die Regulierung ein ethisch nicht korrektes Handeln verbieten, so ist dies für Personen, die bemüht im ethischen Umgang mit KI-Technologien sind, nicht nur keine Einschränkung, sondern sogar ein klarer Gewinn an Freiheit. Durch KI-Gesetze und Regeln wird es dem Menschen erst ermöglicht zu handeln.

Genau diese Ermöglichung des individuellen Handelns macht ein funktionierendes System, welches wie schon erwähnt ohne Einschränkungen nicht existieren könnte, aus. Sinn der Straßenverkehrsordnung ist es, Unfälle, also sachlichen, besonders aber menschlichen Schaden, so gut wie möglich zu verhindern. Besonders bei Geschwindigkeitsbegrenzungen wird dieser Grundsatz deutlich. Der Sinn von KI-Regulierungen ist es ebenso, Recht, Wohlbefinden und Existenz zu sichern, im besten Falle sogar zu verbessern. Die wirkliche Dringlichkeit ethischer KI in Verbindung mit KI-Regulierungen wird in den folgenden Kapiteln mit Sicherheit bewusst. Bewusst werden sollte sich jedoch jeder KI-Nutzer, dass es theoretisch möglich ist, dass eine KI (1) diskriminiert, denn beim ethisch nicht korrekten zur Verfügung stellen von Daten kann zwischen Religion, Geschlecht und anderen Merkmalen klar unterschieden und bewertet werden, (2) die Privatsphäre verletzt durch die Sammlung und Verbreitung sensibler Daten, (3) Fehlinformationen bewusst verbreitet, um politische Prozesse zu beeinflussen oder (4) für autonome Waffensysteme in Kriegen strategisch eingesetzt werden kann. Hierbei handelt es sich nur um eine kleine Liste spontan ausgewählter Fälle, die ewig weitergeführt werden könnte. Von weniger tragischen Fehlern bis hin zu dramatischen Szenarien ist theoretisch alles möglich. Die Dringlichkeit ethischer KI-Regeln ist somit durchaus hoch.

Der Weg zu einer wertebasierten KI

Am Anfang jeder Regel, egal ob Einschränkung oder nicht, steht ein bestimmter Sinn, der mit einem Wert verbunden ist. Menschen zeichnen sich durch ihre Werte aus und werden so zu einem Individuum. Problematisch ist jedoch die unterschiedliche Bewertung dieser Werte von Mensch zu Mensch auf der einen Seite, und auf der anderen Seite die Ausprägung jener Werte. Unterschiedliche Bewertungen meint, dass für unterschiedliche Personen dieselbe Tatsache ethisch korrekt oder ethisch inkorrekt sein kann. Ausschlaggebend dafür sind sowohl kulturelle als auch persönliche Unterschiede. Ein Rind zu töten kann für einen Christen ethisch vertretbarer sein, als für einen Hindu, um ein kulturelles Beispiel auf der Makroebene zu nennen. Ein persönlicher Unterschied, auf der Mikroebene, kann noch individueller ausfallen. Der eine mag die Farbe Blau, der andere mag sie nicht. Für den einen ist es vertretbar bei Orange über die Ampel zu fahren, der andere findet es schon bei „Dunkelgrün" verantwortungslos aufs Gaspedal zu steigen.

Ethische Grundregeln für den Umgang mit KI zu definieren, ist somit keine einfache Aufgabe. Alleine die Operationalisierung, also der Versuch Aspekte in messbare Daten zu übersetzen, ist ein komplexer Vorgang, da es sich bei ethischen Grundüberlegungen meist um „weiche" Daten handelt. Weiche Daten sind Fakten, die aus meist sozialwissenschaftlichen oder geisteswissenschaftlichen Überlegungen, um im Bereich der Ethik zu bleiben, hervorgehen. Hierbei handelt es sich oft um Gefühle, Emotionen oder Verhaltensweisen. Im Gegensatz zu den weichen Daten existiert auch der Begriff der „harten" Fakten. Hierbei handelt es sich oft um naturwissenschaftliche Daten, wie die Tatsache, dass Wasser bei 0 Grad Celsius gefriert. Die Messbarkeit harter Daten gestaltet sich immer leichter und ist auch ohne Operationalisierung möglich, im Gegensatz zu weichen Daten, also ethischen Fragen. Um den Weg zu einer wertebasierten KI-Entwicklung zu beschreiten, muss somit ganz zu Beginn dieses Weges das Wort „Wert" definiert und messbar gemacht werden.

Im Folgenden werden die zuvor genannten zwei Problematiken, die unterschiedliche Bewertung von Werten und die Ausprägung dieser Werte, genauer definiert und messbar gemacht. Eines muss jedoch klar sein: Die Tatsache, dass eine verallgemeinerte Zuordnung vieler Werte für alle Menschen wohl kaum möglich sein wird, eben durch persönliche und kulturelle Unterschiede. Auch der Ansatz „Tue selbst niemanden etwas an, was du nicht wollen würdest, dass es jemand anders dir antut" verliert in dieser Überlegung seine Gültigkeit, auch wenn der Ansatz nicht zu den Schlechtesten gehört. Zu unterschiedlich handeln und vor allem empfinden wir Menschen, um diese Regel als valide abstempeln zu können. Um ethische Richtlinien überhaupt festlegen zu können, ist dies jedoch unbedingt notwendig. Genau dafür benötigt es wiederum Regeln, die verbindlich gelten, am besten global.

Werte müssen für alle Menschen verbindlich sein, unabhängig von ihren individuellen Überzeugungen.

Die zweite Problematik beschäftigt sich mit der Ausprägung dieser Werte, also die Tatsache, dass für den einen ein Wert wichtiger ist, für den anderen unwichtiger. Trotzdem muss ein Gesetz alle Meinungen auf einen Nenner bringen und für alle gelten.

Eine Möglichkeit, dies zu erreichen, wäre die Entwicklung einer globalen Ethik-Charta für KI. Diese Charta würde klare Definitionen von ethischen Begriffen wie "Gerechtigkeit", "Würde" und "Sicherheit" enthalten. Sie würde auch konkrete Richtlinien für den Umgang mit KI-Systemen festlegen. Eine solche Charta würde es ermöglichen, KI-Systeme in einer ethisch vertretbaren Weise zu entwickeln und zu nutzen. Sie würde auch dazu beitragen, die Akzeptanz von KI in der Gesellschaft zu erhöhen.

Der Weg zur wertebasierten KI-Entwicklung ist daher geprägt von einer Reihe an grundsätzlich nicht messbaren Gefühlen, Ansätzen und Meinungen, die jedoch durch möglichst genaue Definitionen messbar gemacht werden müssen und anschließend im besten Fall global und verbindlich ihre Wirkung entfalten können.

Buchstruktur und Zielsetzung

Die Dringlichkeit global verbindlicher KI-Regulierungen zur Vermeidung von Diskriminierung, Eingrenzung von Privatsphärenverletzungen und Verhinderung von Fehlinformationen sollte als besonders wichtig eingestuft werden.

Um die Buchstruktur sinnvoll zu erläutern, muss zunächst die berühmte Bedürfnispyramide, auch Bedürfnishierarchie genannt, vom Psychologen Abraham Maslow (1908-1970) erläutert werden. Es handelt sich hierbei um eine grafische Darstellung der menschlichen Bedürfnisse, unterteilt in deren

Wichtigkeit. An unterster Stelle stehen die wichtigsten Bedürfnisse, die als Grundbaustein gelten. Werden jene Bedürfnisse, Maslow nennt sie physiologische Bedürfnisse, also Essen, Trinken usw., nicht erfüllt, so ist der Mensch eingeschränkt, die nächste Stufe der Pyramide zu erreichen, in Maslows Pyramide das sogenannte Sicherheitsbedürfnis. An oberster Stelle nennt er die Selbstverwirklichung. Werden alle unteren Bedürfnisse nicht erfüllt, so kann sich, laut Maslow, ein Mensch also nicht selbstverwirklichen, ein Vorgang, der jedoch das Ziel eines jeden Individuums ist. Das Ziel steht somit an der Spitze der Pyramide.

Die Struktur des vorliegenden Buches ist ähnlich zu betrachten. In Teil 1 werden allgemeine KI-Fakten präsentiert, Grundlagen erklärt und die Operationalisierung weiter ausgeführt. In Teil 2 werden rechtliche Grundlagen erklärt, mit einem Schwerpunkt auf Datenschutz und Privatsphäre unter Berücksichtigung der Menschenrechte. Nach einer Erläuterung der rechtlichen Situation wird in Teil 3 auf die menschlichen Aspekte Rücksicht genommen. Die Dringlichkeit ethischer KI-Regulierungen wird noch deutlicher werden. Gegen Ende des Buches sollen im 4. Teil „Abschließendes" Handlungsempfehlungen und Zukunftsperspektiven aufgezeigt werden. Ziel ist es nicht nur ein besseres Verständnis für KI zu schaffen, sondern auch aktiv das Gelernte in täglichen Situationen anwenden zu können, um das übergeordnete Ziel zu erreichen. Eine ethisch korrekte und gewinnbringende Zusammenarbeit mit KI und nicht gegen KI muss gewährleistet werden.

Ziel

Menschliches

Rechtliches

Einführendes (Grundlagen)

Abbildung 1 Pyramide zur Buchstruktur

U m einen Diskurs über ethisch korrekte oder inkorrekte Verhaltensweisen in Bezug auf KI überhaupt führen zu können, sind klare Definitionen und Begriffsabgrenzungen zu Beginn das A und O. Alleine die Erklärung des Begriffs „Intelligenz" kann sich als recht schwierigen Prozess erweisen – niemand kann sie sehen, was für den einen als intelligent gilt, bezeichnet der nächste als unintelligent. Die Debatte über KI-Technologien ist außerdem von englischen Fachbegriffen übersät, die leicht zu Verwechslungen führen können. Was ist eigentlich ein Chatbot? Kann ein Computer oder ein Algorithmus überhaupt intelligent sein? Wofür stehen die Buchstabenkombinationen AI, ML, DL und NLP? Welche Arten von KI sind überhaupt zu unterscheiden und welche Unternehmen stecken dahinter? All diesen Fragen wird im folgenden Kapitel auf den Grund gegangen, um ein grundlegendes Verständnis für „Künstliche Intelligenz" bilden zu können. Genau wie bei Maslows Bedürfnispyramide ist das Wissen des Grundlegenden der Grundbaustein für das Spezifische.

Definitionen und Grundbegriffe

Eine allgemeingültige Definition von KI gibt es nicht. Einige der zahlreichen Definitionen kommen jedoch auf ähnliche Aspekte zurück. An vorderster Stelle steht meist das Wort „Technologie", die von Menschen erschaffen wurde. Die Association for the Advancement of Artificial Intelligence definiert KI als Fähigkeit eines Systems, welches sich an seine Umwelt anpassen kann und Aufgaben auf intelligente Weise erledigen kann. Problematisch an dieser Definition für „Künstliche Intelligenz" ist das Wort „intelligent". Eine weitere Definition beschreibt KI als System, welches sich selbst organisieren und entwickeln kann. Doch eine intelligente Person sollte mehr können, als sich nur selbst zu organisieren, oder nicht? Ob eine KI überhaupt intelligent sein kann, ist eine komplexe Frage, die bis heute nicht mit einem klaren „Ja" oder „Nein" beantwortbar ist, so wie es bei den meisten sozialwissenschaftlichen oder geisteswissenschaftlichen Fragen der Fall ist. Dafür spricht die Tatsache, dass KI in der Lage ist, komplexe Aufgaben zu lösen, die teilweise ein großer Teil der Bevölkerung nicht hätte lösen können. Dagegen spricht jedoch die Tatsache, dass eine KI keine Eigenschaften des menschlichen Geistes aufweisen kann und somit auch nicht fähig ist zu fühlen oder zu denken. Doch wie kann eine KI in so kurzer Zeit so viel Wissen abrufen, ohne dabei richtig nachdenken zu müssen? Tatsache ist, dass eine KI nicht denken kann. Bei Chatbots, wie Chat GPT oder Gemini, handelt es sich lediglich um computergestützte Textalgorithmen.

Vorstellen kann man sich das folgendermaßen: Man schickt einen Prompt (englisches Wort für Befehl) in schriftlicher Form dem Algorithmus, im Fall eines Chatbots ist dies die Eingabezeile. Der Algorithmus analysiert Buchstabe für Buchstabe und berechnet probabilistisch die Buchstaben, die auf die Frage die richtige Antwort geben. Ein Beispiel: Eine Person tippt die Frage: „Mein Auto hat die Farbe …" ein. Der Algorithmus erkennt, dass drei aufeinanderfolgende Punkte für ein fehlendes Wort stehen und durchsucht seine Daten nach der Buchstabenkombination „Mein Auto hat die Farbe". Nun berechnet der Algorithmus die Buchstaben, die am wahrscheinlichsten, also am meisten im Netz vorkommend, nach dem Satz einen Sinn ergeben. Der Algorithmus, also die KI, hat jedoch weder eine

Ahnung, was die Wörter „Auto" oder „Farbe", noch „Blau", „Grün" oder „Orange" bedeuten. Es handelt sich lediglich um eine statistische Wahrscheinlichkeitsberechnung einzelner Buchstaben, die Wörter, Sätze oder ganze Aufsätze bilden. Einfach formuliert könnte man meinen, dass ein Chatbot zwar ein unglaubliches Wissen von sich gibt, jedoch keine Ahnung hat, was diese Buchstaben und Sätze bedeuten. Betrachtet man nun die vorhergehende Frage „Ist KI überhaupt intelligent?" erneut, so wird man wohl erkennen müssen, dass ein vom Menschen entwickelter Wahrscheinlichkeitsrechner eher als unintelligent gilt und die allgegenwärtige Bezeichnung „Künstliche Intelligenz" irreführend ist.

Mein Auto hat die Farbe „Blau".

Als grundlegender Begriff muss auch das US-amerikanische Unternehmen „OpenAI" erwähnt werden, Erfinder von Chat GPT. Die Frage, warum das Unternehmen „OpenAI" und nicht „OpenKI" genannt wurde, ist einfacher als die Definitionsfrage von Intelligenz zu beantworten. AI steht für „Artificial Intelligence" und ist einfach das englische Wort für „Künstliche Intelligenz".

ML, Machine Learning, befasst sich mit der Entwicklung genau dieser Algorithmen. Durch ML-Technologien ist es möglich, Algorithmen Daten zur Verfügung zu stellen. Ein Teilbereich des ML ist das Deep Learning, auch DL genannt. Hierbei geht es nicht um die Entwicklung eines Algorithmus, sondern viel eher um die korrekte Verarbeitung der zur Verfügung gestellten Daten. Zuständig dafür sind künstlich hergestellte neuronale Netzwerke, die in Folge dieses Kapitels ebenfalls noch behandelt werden.

Mittels Machine Learning entsteht ein Algorithmus und durch Deep Learning werden die Daten verarbeitet, die der Algorithmus benötigt. So kann der Algorithmus die Wörter und Sätze generieren, die am wahrscheinlichsten zur richtigen Antwort führen. Doch woher kennt der Algorithmus unsere Sprache und kann grammatikalisch korrekte Sätze formulieren? Dafür sind Natural Language Processing-Systeme notwendig, kurz NLP. Sie sind Teil des Algorithmus und machen eine Interaktion zwischen Mensch und Maschine möglich. All diese Algorithmen und Systeme bilden den Grundbaustein für die Funktionsweise vieler KI-Systeme.

Die letzte essenzielle Abkürzung, von der schon jeder etwas gehört hat, aber kaum jemand die tatsächliche Bedeutung und Übersetzung kennt, ist „Chat GPT". GPT steht für „Generative Pre-Trained Transformer". Das Wort „generative" ist wohl noch am selbstverständlichsten. „Generative" bedeutet so viel wie „erzeugend". Das Wort weist darauf hin, dass der Chatbot etwas erzeugt, in diesem Fall einen Text. Das „P" in Chat GPT steht für Pre-Trained und bedeutet vortrainiert. Damit soll klar werden, dass ohne vorher zur Verfügung gestellte Daten auch keine Daten verarbeitet werden können. Der letzte Buchstabe in GPT steht für „Transformer". Hierbei handelt es sich um eine Technologie, die zuständig für die Herstellung künstlicher neuronaler Netzwerke ist. Betont muss hierbei das Wort „künstlich" werden. Wäre es kein künstliches neuronales Netzwerk, sondern ein „echtes neuronales Netzwerk", also ein biologisches, dann würde es sich um ein menschliches Gehirn handeln. Auch wenn die Aufgaben dieser zwei Netzwerke die gleichen sind, so sind die Unterschiede umso größer. Das Gehirn ist biologisch und besteht aus Nervenzellen, der Transformer ist eine Kombination aus Nullen und Einsen, dem Binärcode. GPT bedeutet somit lediglich, dass die Transformer-

Technologie vortrainierte Daten verarbeitet und basierend auf diesen Daten etwas erzeugt.

Historische Entwicklung von KI

„Künstliche Intelligenz", das Thema des 21. Jahrhunderts, zum Top-Forscher gekürt im Jahr 2023, ist historisch gesehen eigentlich gar nicht die jüngste aller Technologien und verwurzelt in den 60er Jahren. Doch warum erst jetzt die massive Euphorie um KI, wenn dessen Existenz eigentlich einige Jahrzehnte in die Vergangenheit reicht? Grundsätzlich kann die Entwicklung von KI-Systemen in vier Phasen unterteilt werden, auch wenn die Übergänge recht fließend verlaufen.

Alles begann in der Anfangsphase (1950-1960), in der die ersten Algorithmen entwickelt wurden. Die Fähigkeit eines Computers menschenähnliche Aufgaben lösen zu können war das Ziel und faszinierte Forscher global. Die ersten künstlichen neuronalen Netzwerke wurden erfunden, waren jedoch nicht zu vergleichen mit den heutigen Netzwerken, die stets immer verbessert wurden. Für damalige Verhältnisse galten die Versuche ein biologisches, menschliches neuronales Netzwerk zu imitieren als großer Erfolg und es dauerte nicht lange, bis sich die Forschung auch den künstlichen neuronalen Netzwerken widmete, die im Grunde der Grundbaustein vieler KI-Systeme sind.

Daraufhin folgte eine richtige KI-Euphorie (1960-1970), die auch als zweite Phase bezeichnet wird. Die Motivation der Forscher neue bahnbrechende technologische Fortschritte zu machen, war kaum zu bremsen, was zur Entstehung einiger Computerprogramme führte, darunter auch der allererste Chatbot. Das US-amerikanische Computergenie Joseph Weizenbaum entwickelte im Jahr 1964 ELIZA, ein Computerprogramm, welches Antworten auf schriftlich gestellte Fragen geben konnte, für damalige Zeiten ein großer Erfolg. Weizenbaums Technologie analysierte eingegebene Daten und versuchte danach Muster zu erkennen. Der Chatbot agierte als Psychotherapeut und gab meist passende Antworten, wie es im folgenden Beispiel dargestellt wird:

> *Benutzer: Ich fühle mich traurig.*
> *ELIZA: Es tut mir leid, dass du dich traurig fühlst. Möchtest du darüber reden?*
> *Benutzer: Ich habe Angst.*
> *ELIZA: Es ist normal, Angst zu haben. Angst ist ein natürlicher Schutzmechanismus.*
> *Benutzer: Ich bin wütend.*
> *ELIZA: Es ist wichtig, deine Wut auszudrücken. Es ist aber auch wichtig, sie auf eine gesunde Weise auszudrücken.*

Der Chatbot war geboren und der Grundbaustein, gleichzusetzen mit den physiologischen Grundbedürfnissen der Maslowschen Bedürfnispyramide, war gelegt. Und wer glaubt, es würde in diesem Entwicklungstempo weiter gehen, der irrt sich, denn die dritte Phase, der KI-Winter, fand seinen Platz.

Zwischen 1970 und 1980 war von jener Euphorie keine Spur mehr und eine pessimistische Grundeinstellung prägte die nächsten Jahre. Die übertriebenen Erwartungen der vorherigen Phase führten zu dieser Einstellung. Es mangelte an neuen bahnbrechenden Technologien, aber auch an ethischen Richtlinien. Investoren zogen sich zurück, Forschungstalente gingen verloren, mit ihnen einige Forschungsergebnisse. Doch es sollte so nicht lange bleiben.

Die letzte Phase, beginnend im Jahr 1980, brachte wieder neuen Schwung in die Forschung, der fast ausnahmslos bis heute noch für die Begeisterung an der KI-Thematik Schuld ist. Man konnte aus der Sackgasse der letzten Jahre entkommen und durch neue Technologien, beispielsweise durch die Erfindung des Mikroprozessors, wieder neue Erkenntnisse gewinnen, die wie ein Dominoeffekt wirkten.

Der Turing-Test wurde vorgestellt, ein Test, der voraussagen soll, ob ein Computer „Intelligenz" besitzt. Jährliche KI-Konferenzen wurden einberufen und ein Algorithmus, der Schach spielen konnte, vorgestellt. Bücher wurden publiziert, die sich nun auch mit ethischen Problematiken auseinandersetzen, darunter das Buch "Perceptrons". Die Mustererkennung vieler neuronaler Netzwerke wurde verbessert und schließlich konnte sogar eine KI die Quiz-Show „Jeopardy" gewinnen. Tausende Experimente und Anpassungen später, stellte schließlich das Unternehmen OpenAI im Jahr 2019 Chat GPT 1 vor, den berühmten Chatbot der in der damaligen Version nur einen Bruchteil an Daten verarbeiten konnte, im Vergleich zur Nachfolgeversion Chat GPT 2, die wiederum von Chat GPT 3 verdrängt wurde. Und genau diese letzte Verdrängung könnte als fünfte Phase bezeichnet werden.

Durch die mediale Omnipräsenz, beginnend im Jahr 2022, rückte die KI-Thematik noch einmal mehr in die Öffentlichkeit und ist bis heute in jeder Zeitung präsent. KI-Fachvorträge wurden angeboten, Bildungstage initiiert und KI-Workshops veranstaltet. Bis heute zählt Chat GPT wohl zu den bekanntesten KI-Systemen, auch wenn es sich mit Abstand nicht um die innovativste oder fortschrittlichste KI handelt.

KI-Arten

Unterteilungs-möglichkeit 1	schwache KI	starke KI	
Unterteilungs-möglichkeit 2	reaktive KI	lernende KI	bewusste KI
Unterteilungs-möglichkeit 3	symbolische KI	neuronale KI	

Im folgenden Teil werden drei der aussagekräftigsten und bekanntesten Unterscheidungsmöglichkeiten aufgezeigt. Welche Möglichkeit am besten geeignet ist, kann pauschal nicht gesagt werden und ist abhängig vom Inhalt des Diskurses über KI.

Die erste Variante, KI-Systeme voneinander zu unterscheiden, ist die Trennung zwischen „schwacher" und „starker" KI. Schwache KI, im fachwissenschaftlichen Diskurs auch als „Narrow AI" bezeichnet, wird darauf trainiert, eine bestimmte Aufgabe zu erfüllen. Diese Aufgaben können beispielsweise die Erkennung von Bildern, das Erkennen von Sprache oder die Analyse von Finanzdaten sein. Meist handelt es sich um Aufgaben, die ein Algorithmus schneller und mit geringerer Irrtumswahrscheinlichkeit als der Mensch erfüllen kann. Zu beachten ist hierbei vor allem das Wort „schneller". Denn grundsätzlich ist der Mensch auch alleine in der Lage, diese Tätigkeiten auszuführen. Der Sinn schwacher KI-Technologien ist die Fähigkeit, mit höherer Effizienz Daten zu verarbeiten und diese Daten dem Menschen zur Verfügung zu stellen. Grundlegende neue Daten oder Erkenntnisse werden dabei nicht generiert. Ein Beispiel für schwache KI wäre der Chatbot „Chat GPT".

Im Gegensatz zu schwacher KI ist starke KI in der Lage nicht nur eine Vielzahl von Aufgaben zu erledigen, sondern dies auch mit Einbeziehung von Logik, menschenähnlicher Problemlösungskompetenz, Kreativität und sozialer Intelligenz zu meistern. Ein klassisches Beispiel einer starken KI kann momentan aufgrund fehlender Existenz noch nicht genannt werden. Es ist jedoch das Ziel einiger KI-Forscher, auch die oben genannten Fähigkeiten, die eine starke KI ausmachen, in den Algorithmus zu bringen. Die folgenschweren Auswirkungen werden in den folgenden Kapiteln noch genauer beleuchtet. Klar muss jedoch auch sein, dass der Übergang von schwacher zu starker KI ein fließender sein wird und nicht von heute auf morgen zu erkennen sein wird.

Eine weitere Möglichkeit, KI-Technologien voneinander zu unterscheiden, ist die Trennung der Begriffe „reaktiv", „lernend" und „bewusst". Reaktive KI zeichnet sich durch die Fähigkeit aus, auf aktuelle Eingaben zu reagieren, gleichzusetzen mit einer schwachen KI. Die beiden anderen Unterscheidungen „lernend" und „bewusst" haben Ähnlichkeit mit der starken KI, jedoch ist die „lernende KI" harmloser als die „bewusste KI". Eine Fähigkeit einer starken KI ist die Möglichkeit, aus Erfahrungen zu lernen. Dies kann, wie der Name bereits verrät, auch die lernende KI. Im Gegensatz zur bewussten KI kann ein lernendes KI-System jedoch weder Gedanken und Gefühle reflektieren, noch ein Selbstbewusstsein bilden. Die lernende KI versteht sich somit als Zwischenstufe der Begriffe starke und schwache KI, auch wenn die lernende KI eher in Richtung starke KI geht.

Eine dritte Unterscheidungsmöglichkeit entsteht durch die Trennung zwischen symbolischer und neuronaler KI. Unter die symbolische KI fallen Algorithmen, die von Menschen hergestellt werden. Ein künstliches neuronales Netzwerk, beispielsweise durch den Transformer hergestellt, wie es bei vielen Chatbots der Fall ist, zählt zur symbolischen KI. Zu betonen ist hierbei vor allem der Begriff „künstlich". Fällt das Wort „künstlich" jedoch weg, so spricht man von neuronaler KI, die auf Vorbild des menschlichen Gehirns agiert. Ähnlich wie bei der starken KI sind solche KI-Systeme noch nicht bekannt. Forscher sind jedoch bemüht, diese Grenze zu durchdringen.

Klare Grenzen bei der Unterscheidung zwischen KI-Systemen gibt es jedoch nicht. Die Übergänge zwischen schwacher und starker oder reaktiver, lernender und bewusster KI verlaufen meist fließend. Keine innovative Technologie entwickelt sich von heute auf morgen. Dahinter stehen immer Prozesse, die mit einer Idee beginnen, von Forschern aufgenommen, von Experten analysiert und wieder von anderen Forschern weiterentwickelt werden. Ein grundlegendes Verständnis für KI ist allerdings nicht nur für Experten, sondern auch für die breite Gesellschaft von essenzieller Bedeutung, wenn das Ziel „Mit KI und nicht gegen KI" weiter verfolgt werden soll. Nur durch ein harmonisches Verhältnis zwischen Bürger und Experte beziehungsweise Mensch und KI kann die Basis für einen ethisch korrekten und gewinnbringenden Umgang mit KI entstehen.

Ethik, ein Teilgebiet der Philosophie, befasst sich mit den Grundlagen menschlichen Handelns und versucht dies in Gut und Böse, Richtig und Falsch, zu unterteilen. Doch warum sticht besonders diese Thematik beim KI-Diskurs so hervor, obwohl KI, wie im vorherigen Kapitel „Grundlagen Künstlicher Intelligenz" erwähnt, nichts weiter als Technologie und Binärcode ist? KI-Systeme handeln nicht menschlich, denn wenn sie dies tun würden, müsste man von starker, bewusster oder neuronaler KI sprechen. Also warum der mediale Diskurs über Ethik? Im folgenden Kapitel wird durch das Zusammenspiel der sogenannten 3 Dimensionen diese Frage beantwortet.

Ein kommunikationswissenschaftliches Prinzip

Um den folgenden, sorgfältig durchdachten, von der Kommunikationswissenschaft abgeleiteten Ansatz verstehen zu können, ist ein grundlegendes Verständnis für den sogenannten „Kognitivismus" essenziell. Abgeleitet wird das wissenschaftliche Prinzip vom Behaviorismus, der bis zur kognitiven Wende in den 1960er Jahren weit verbreitet war. Kommunikation bestand laut Behaviorismus aus zwei Dimensionen, der Input- und der Output-Dimension. Das Modell soll erklären, wie Kommunikation überhaupt zustande kommt. Als Input werden Reize oder Stimuli verstanden, als Output Reaktionen oder ein bestimmtes Verhalten, welches darauf folgt. Die Forschung argumentierte, dass alles, was zwischen den beiden

Dimensionen passierte, nicht Teil des Forschungsgebietes sein könne, da man jenen Mittelteil, auch „Black-Box" genannt, nicht beobachten kann. Der Behaviorismus war somit geprägt von 2 Dimensionen.

Darauf aufbauend entstand der Kognitivismus, wodurch eine Dimension zwischen Input und Output hinzugefügt wurde, die Verarbeitung durch kognitive Prozesse. Wissenschaftliche, forschungslogistische Prinzipien veränderten sich und somit wurden auch psychologische Phänomene Teil des Forschungsgegenstandes. Das 2-Dimensionen-Modell wurde zum 3-Dimensionen-Modell.

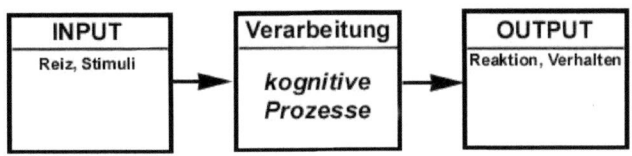

Abbildung 2 Kognitivismus

Demnach entsteht Kommunikation durch einen Input, der ein Reiz oder ein bestimmter Stimulus ist. Dieser Reiz wird anschließend kognitiv verarbeitet, eine Arbeit, die unser Gehirn übernimmt. Dieser Verarbeitungsprozess ist auch der Grund, warum eine rein objektive Wahrnehmung gar nicht existieren kann und die „wirkliche Wirklichkeit", also die Input-Dimension niemals exakt bei der Output-Dimension unverzerrt ankommen kann. So entsteht die „subjektive Wirklichkeit". Beispielsweise erzählt eine Person A einer Person B von einem Ereignis. Dieser interpersonelle Kommunikationsprozess beginnt mit dem Input, also einem Satz, den Person A von sich gibt. Person B verarbeitet diesen Satz kognitiv und wird nie, auch wenn jedes Wort dieses Satzes akustisch verstanden wurde, in der Lage sein, die „wirkliche Wirklichkeit", also den identen Inhalt, der von Person A übermittelt wurde, nachvollziehen können. Eine subjektive, also verzerrte Wirklichkeit entsteht. Klar muss jedoch sein, dass durch Verbesserung des Inputs und einer besseren kognitiven Verarbeitung die „wirkliche Wirklichkeit" zwar nicht abgebildet werden kann, jedoch näher an diese Wirklichkeit herankommt, als wenn der Input und die kognitiven Informationsverarbeitungsprozesse ungenauer sind.

Der Kognitivismus, bestehend aus Input, kognitiver Prozesse und Output, beschreibt aufbauend auf dem Behaviorismus, bestehend aus Input und Output, wie menschliche Kommunikation überhaupt zustande kommt und betont dabei, dass der Input und der Output aufgrund dieser Prozesse niemals gleich sein kann.

Input, Informationsverarbeitung und Output

Das kognitivistische Kommunikationsprinzip wurde erstellt, um menschliche Kommunikation darzustellen. Doch wie kommunizieren eigentlich Menschen mit „Künstlicher Intelligenz"? Das Prinzip ist mit dem Kognitivismus vergleichbar und weist ähnliche Merkmale auf. Im Folgenden wird die Funktionsweise „Künstlicher Intelligenz" anhand des Beispiels „Chat GPT" erklärt und auf das wissenschaftliche Prinzip übertragen.

Jeder einzelne Buchstabe des Ausdrucks „GPT" hat eine Bedeutung, wie in Kapitel 1 und 2 bereits erklärt wurde: G steht für Generativ, P für Pre-Trained und T für Transformer. Dabei weist der Buchstabe P auf die Funktionsweise des Inputs hin. Ein Algorithmus kann nur jene Daten verarbeiten, die ihm auch zur Verfügung gestellt wurden. Am Anfang eines jeden

Chatbots steht eine Trainingsphase an. In dieser Phase geht es noch nicht um irgendwelche Algorithmen, sondern ausschließlich um Daten, die in jenem Beispiel dem Chatbot Chat GPT zur Verfügung gestellt werden. Zur Input-Dimension gehört jedoch nicht nur die Zurverfügungstellung der Daten, sondern auch die Eingabe eines Prompts durch den Nutzer. Ohne den Daten und der Benutzer-Frage kann ein Chatbot nicht funktionieren. Pre-Trained, auf Deutsch vortrainiert, beschreibt somit den Sinn und die Funktionsweise der Input-Dimension.

Etwas komplizierter ist die Informationsverarbeitung, der Zwischenschritt, der durch das Transformer-Modell, in der Bezeichnung GPT als „T" gekennzeichnet, ermöglicht wird. Im Kognitivismus wird dieser Bereich als „kognitive Prozesse" bezeichnet. Der Transformer versucht genau diese Prozesse herzustellen, nur eben anders. Im Gegensatz zum Kognitivismus arbeitet der Transformer mit einem künstlichen neuronalen Netzwerk. Der Kognitivismus verarbeitet den Input durch ein „echtes" neuronales Netzwerk biologischer Natur, auch als unser Gehirn bekannt. Der Transformer kann somit als Technologie verstanden werden, die hinter vielen Chatbots steckt, bestehend aus einem Encoder und einem Decoder. Beide Teile bestehen aus mehreren Schichten. Zunächst wird die Fähigkeit des Encoders genutzt, um wichtige Worte im Netz herauszufiltern. Die relative Bedeutung einzelner Satzbausteine wird so klar, eine Information, die nun der Decoder weiterverarbeitet. Der Decoder entwickelt die Reihenfolge, in der die vom Encoder bestimmten Datensätze einen Sinn ergeben. Beim sogenannten „maschinellen Lernen" (ML) wird die Transformer-Technologie eingesetzt, um die Eingabedaten, also den Input, in Ausgabedaten, den Output, zu verwandeln. Klar muss jedoch sein, dass die Transformer-Technologie diese Satzbausteine nicht wirklich versteht und nur so zuordnet, dass eine bestimmte Buchstabenkombination beziehungsweise

Satzbausteinkombination mit hoher Wahrscheinlichkeit die gestellte Frage beantwortet.

Der Buchtstabe in der Abkürzung „GPT", der noch nicht erwähnt wurde, ist das „G", welches „generativ" bedeutet und auf Deutsch auch einfach „erzeugend" genannt werden kann. Der Buchstabe repräsentiert im „Input-Informationsverarbeitung-Output-Modell" den Output. Im Beispiel Chat GPT handelt es sich um einen schriftlich generierten Output. Auch Gemini, eine KI, die ebenfalls von Google entwickelt wurde und einige Parallelen zu Chat GPT aufweist, entwirft schriftliche Outputs nach Eingabe schriftlicher Inputs. Der Output einer KI muss jedoch nicht zwangsläufig schriftlich erfolgen. Als Beispiel können bildgenerierende KIs genannt werden. Sogenannte Deepfakes waren auch schon vor der „fünften KI-Welle" in aller Munde. Durch die Verbreitung eines Bildes mit dem ehemaligen US-Präsidenten Donald Trump wurde über die Deepfake-Thematik medial ausführlich berichtet. Auf jenem Bild war er streitend mit einigen Polizisten zu sehen, ein Szenario, welches so nie stattgefunden hatte. Im Bereich der generativen KI sind jedoch nicht nur Programme, die Text und Bild erzeugen, sondern Algorithmen, die ganze Videos generieren können, zu erwähnen. Bild und Audio wurden dafür zusammengefügt, eine Arbeit, die ebenfalls eine KI erledigt. Die Output-Dimension kann jedoch auf ganz andere KI-Systeme projiziert werden, darunter die Robotik. Die klassische Darstellung des Outputs eines Roboters wäre zum Beispiel eine Bewegung.

Das bedingte Zusammenspiel der 3 Dimensionen

Der Kognitivismus lehrt nicht nur die Entstehung des Inputs, die kognitiven Verarbeitungen durch unser Gehirn und die Entstehung des Outputs bei interpersonellen Kommunikationsprozessen, sondern verweist auch auf die Wichtigkeit des Zusammenspiels jener Dimensionen. Auf Reize folgen nicht einfach Verarbeitungen und darauf die Reaktionen. Der Reiz beeinflusst den Verarbeitungsprozess, der wiederum mit dem Input zusammenhängt. Daraus ergibt sich, dass nicht nur der Input niemals dem Output entspricht, sondern auch, dass die minimale Veränderung des Inputs für eine unverhältnismäßig große oder kleine Veränderung des Outputs verantwortlich ist. Dies bedeutet, dass zwei identische Input-Inhalte, jedoch unterschiedliche Spezifikationen dieser Inhalte, in zwei identischen Prozessen zu einem anderen Output führen können. Als Beispiel können die beiden Inputs „Schreibe einen Text über Jugendliche." und „Schreibe einige Zeilen über junge Personen." genannt werden. Selbst wenn das Ziel des Input-Gebers jeweils gleich ist, wird ein anderer Text die Folge sein. Doch warum ist das so?

Auch wenn für den Input-Geber die Begriffe „junge Person" und „Jugendlicher" mit derselben inhaltlichen Bedeutung besetzt sind, so muss dies nicht für andere gelten. „Andere" meint in jenem Beispiel sowohl alle Input-Geber, die dem Netz Daten zur Verfügung stellen, als auch den Algorithmus selbst, der ja durch die Input-Daten geprägt wird. Für den einen ist ein Jugendlicher zwischen 12 und 18 Jahre alt, für den nächsten zwischen 15 und 20, der nächste beschreibt sich im Alter von 30 Jahren auch noch als „jugendlich". So kann es dazu führen, dass der Algorithmus, also die KI, bei der Frage nach jungen Personen 15- bis 20-Jährige miteinbezieht und bei der Frage

nach Jugendlichen die zur Verfügung stehenden Daten von 12-
bis 18-Jährigen analysiert.

Ein weiterer wichtiger miteinzubeziehender Punkt ist die Fähigkeit der zyklischen Interaktion zwischen Input und Output.
Der Ausgangspunkt, also der Input, der den Output ermöglicht, kann vom vorherigen Output beeinflusst worden sein.
Beispiele für den interpersonellen Kommunikationsprozess
und somit für den kognitivistischen Ansatz können sein:

> *Ein Lehrer gibt einem Schüler eine Aufgabe. Der Schüler*
> *verarbeitet die Aufgabe und schreibt eine Antwort. Die*
> *Antwort des Schülers beeinflusst wiederum die Bewertung*
> *des Lehrers.*

> *Zwei Freunde unterhalten sich. Jeder verarbeitet das, was*
> *der andere sagt, und reagiert darauf. Die Reaktionen der*
> *Freunde beeinflussen wiederum das Gespräch.*

> *Ein Politiker hält eine Rede. Die Zuhörer verarbeiten die*
> *Rede und bilden sich eine Meinung. Die Meinung der Zu-*
> *hörer beeinflusst wiederum die Wirkung der Rede.*

Dies lässt sich ebenso auf die KI-Thematik übertragen. Gibt
man in der Eingabezeile eines Chatbots eine Frage ein, die zu
einer Antwort führt, kann die darauffolgende Antwort der
nächsten Frage anders sein, als wenn die vorherige Frage gar
nicht gestellt worden wäre. Auch dieses Phänomen ist der zyklischen Verarbeitung zwischen Input und Output zuzuschreiben. Dies kann auch wieder vom Kognitivismus abgeleitet werden, der sich nicht durch Computeralgorithmen, sondern
durch interpersonelle Kommunikationsprozesse und somit der
Face-to-Face-Kommunikation, ausdrückt. Der Beginn eines Gesprächs kann ausschlaggebend für das Ende jenes Gesprächs
sein. Wird beispielsweise zu Beginn des Gesprächs, also in der

Input-Dimension, das Wort „Bitte" hinzugefügt, so kann nicht nur der neue Output vom Gesprächspartner anders sein, sondern auch dazu führen, dass der nächste Input der Person, die das Gespräch eröffnete, anders ist.

Das letzte Prinzip, welches das Modell verständlich machen soll, nennt sich „implizite Reziprozität". Es handelt sich hierbei einfach ausgedrückt um die Wechselseitigkeit beider Parteien beim Kommunikationsprozess. Der Kommunikator gibt etwas von sich (Input), worauf der Rezipient reagiert (Output). Diese Reaktion des Rezipienten ist zwar für den Kommunikator der Output, für den Rezipienten jedoch schon der nächste Input. Was für den einen ein Input ist, ist für den anderen der Output und umgekehrt. Deshalb spricht man auch von einem zyklischen Prozess und nicht von einer linearen Handlung mit einem klaren Ende. Beendet kann ein zyklischer Kommunikationsprozess jedoch auch werden: Ein Gesprächspartner beendet die Kommunikation und durchbricht damit den Kreislauf.

Anhand des Input-Informationsverarbeitung-Output-Modells kann konstatiert werden, dass menschliche und computergeführte Kommunikationsprozesse zwar auf eine andere Art und Weise funktionieren, jedoch im Ursprung recht ähnlich sind. Ein grundlegendes Verständnis interpersoneller Prozesse ist somit auch für das Verstehen von computergesteuerten Prozessen durch Algorithmen notwendig.

KAPITEL 4: OPERATIONALISIE-
RUNGSMÖGLICHKEITEN ETHI-
SCHER DATEN UND PROZESSE

Kognitive Vorgänge, seien sie künstlicher oder biologischer Natur, messbar zu machen, ist eine große Herausforderung, bei der auch die Wissenschaft oft an ihre Grenzen stößt. Dass Regulierungen, seien sie Regel oder Einschränkung, unbedingt notwendig sind, um einen ethisch korrekten Umgang mit gewissen Technologien überhaupt erst zu ermöglichen, nötig sind, sollte selbstverständlich sein. Eine Regel ist jedoch auch meist mit Sanktionierungen verbunden, der Grund, warum eine Regel sehr wohl eine Einschränkung sein kann. Sanktioniert sollte jedoch nicht nur bei der klar sichtlichen und erkennbaren Nichteinhaltung der Regel werden, sondern auch in Fällen, in denen eine Regel klar umgangen wird, damit ein auf nur ein Individuum oder eine spezifische Gruppe von Personen gerichteter Vorteil zulasten aller anderen entsteht. Diese gesetzlichen Grauzonen sind bei den meisten Regulierungen auf eine zu ungenaue Operationalisierung zurückzuführen.

Von der Quelle bis zur Indikatorbildung

Die Wichtigkeit ethischer Grundregeln in Bezug auf KI sollte nun endgültig klar sein. Auch die Tatsache, dass ethische Grundprinzipien meist auf „weichen" Daten, also nicht sofort erkennbar messbaren Daten, basieren, ist stets zu berücksichtigen.

Am Anfang ist die Quelle. Unter diesem Grundsatz kann man versuchen, Daten messbarer zu machen. Erreichen könnte man dies durch die Bestimmung bestimmter Gesetze, welche klar darlegen, welche Quellen als ethisch korrekt und welche als ethisch inkorrekt gelten. Um diese Möglichkeit genauer auszuführen, muss zunächst erklärt werden, dass Internet nicht gleich Internet ist. Stellt ein User einer klassischen Suchmaschine wie Google eine Frage, so greift Google nur auf circa ein Prozent der Internetdaten zu. Dieses frei zugängliche, völlig legale Web wird auch „Clear Web" bezeichnet und macht eben nur einen kleinen Teil des Internets aus. Der Großteil des Internets besteht aus „Deep Web" und „Darknet", wobei das Deep Web den mit Abstand größten Teil einnimmt.

Teil des Deep Webs sind beispielsweise Firmendatenbanken, die der Öffentlichkeit nicht zur Verfügung stehen, Bilanzen, Unternehmensstrategien, Konkurrenzanalysen oder interne Mitarbeiterdaten. Schreibt eine Person einer anderen Person eine E-Mail, so befindet sich jener Datensatz im Deep Web, egal ob die Mail von einem Büroangestellten oder einem Minister geschrieben wurde. Dass eine Veröffentlichung des Deep Webs klar gegen sämtliche datenschutzrechtliche Grundprinzipien verstoßen würde, sollte immer dabei bedacht werden. Trotzdem kann man sich mit ein paar Mausklicks Zugang dazu verschaffen und auf diese sensiblen Daten zugreifen.

Das Darknet kann als kleiner Teil des Deep Webs bezeichnet werden, das als besonders gefährlich gilt. Das Surfen wird anonym gemacht. Transparenz? Fehlanzeige. Das Tragische daran? Wer ins Darknet will, kommt ins Darknet. Sich Zugang zum Darknet zu verschaffen ist grundsätzlich legal, wenn es auch nicht empfohlen wird. Doch was macht diesen Bereich des Internets überhaupt so gefährlich? Wer ins Darknet einsteigt, hat meist etwas zu verbergen. Von verhältnismäßig harmlosen Raubkopien von Videospielen bis hin zu

Regierungsdatenbanken, Drogenhandel, Waffenhandel, Kinderpornografie und Auftragsmorden ist im Darknet alles zu finden. Von ethischen Grundsätzen fehlt jede Spur.

Und so kommt man wieder zum Ausdruck „Am Anfang ist die Quelle" zurück. Eine Möglichkeit, einen ethischen Umgang mit KI zu ermöglichen und messbar zu machen ist die klare Festlegung, welche Daten eine KI überhaupt als Input verwenden darf. Ein ethischer Input ist die Grundvoraussetzung für einen ethisch korrekten Output. Um ethische Aspekte somit zu operationalisieren, braucht es Regeln. Ein Ansatz für eine sinnvolle Regel wäre ein klares Verbot für KI-Entwickler, Daten aus dem Deep Web und Darknet zu verwenden.

Nach der Ausformulierung ethischer Richtlinien kommen die sogenannten „Indikatoren" ins Spiel, um den genauen Grad der Regel zu messen. Diese „Spielregeln" können qualitativer oder quantitativer Natur sein. Während sich qualitative Indikatoren beispielsweise auf Begriffe wie Transparenz, Fairness, Gerechtigkeit oder Schutz der Privatsphäre stützen, wäre der „Anteil der KI-Systeme, die keine Diskriminierung aufweisen" ein quantitativer Indikator. Um den qualitativen Indikator „Fairness" endgültig messbar zu machen, sind die Nutzer an der Reihe. Antwortet ein Großteil der Befragten auf die Frage „Gibt es Unterschiede in den Ergebnissen von KI-Systemen für Personen aus verschiedenen Gruppen?" mit einem klaren „Nein", so wurde messbar nachgewiesen, dass die KI mit hoher Wahrscheinlichkeit faire Outputs erstellt. Zu beachten ist die Wortgruppe „mit hoher Wahrscheinlichkeit". Es handelt sich hierbei nämlich um ein probabilistisches Ergebnis. Im Gegensatz zu deterministischen, also zu 100% sicheren Zusammenhängen, sind probabilistische Zusammenhänge das Ergebnis von Wahrscheinlichkeitsrechnungen. Zu Beginn einer Befragung, die aus qualitativen Fragen und quasi-metrischen Skalen besteht, muss festgelegt werden, welche Ergebnisse im vorliegenden Fall noch als „fair" oder „nicht fair" bezeichnet werden können. Das Festlegen dieser klaren Grenze sollte unbedingt vor der Befragung stattfinden. Typische Auswahlmöglichkeiten quasi-metrischer Fragen könnten „Sehr zutreffend, eher zutreffend, neutral, eher nicht zutreffend, nicht zutreffend" sein.

Wie fair ist das KI-System bei der Kreditvergabe?

Sehr fair (5)
Fair (4)
Eher fair (3)
Eher unfair (2)
Sehr unfair (1)

Operationalisierung der Input- und Output-Daten

Gesetzlich regulierte Input-Daten, die durch ein Verbot von Deep Web und Darknet entstehen, sind einfach zu messen. Die Verwendung dieser Daten kann mit einem einfachen „Ja, wurde verwendet" und „Nein, wurde nicht verwendet" gemessen werden. Dass all diese Fragen auf Ehrlichkeit basieren müssen, sollte ebenfalls bedacht werden. Denn Ehrlichkeit ist der Grundbaustein für eine ethische KI-Zukunft.

Auch gewisse Inhalte des Clear Webs sollten beim Datentraining einer KI nicht unbedingt verwendet werden. „Im Internet steht manchmal so ein Blödsinn". Diesen Satz haben wohl alle verantwortungsbewussten Internetuser schon einmal gehört und wurden so auf zahlreiche sogenannte „Fake-News" aufmerksam gemacht. Doch Falschinformation ist nicht gleich Falschinformation. In der Wissenschaft bezeichnet man eine Falschmeldung, besonders im Pressebereich, als „Grubenhund". Ein Grubenhund darf jedoch nicht als „Fake-News" verstanden werden. Der Unterschied ist gering, aber trotzdem vorhanden. Als Grubenhund versteht man eine Falschnachricht, die jedoch ironische Aspekte aufweist. Ein Beispiel wäre der berühmte Bericht vom Institut für laterale Demoskopie, in dem der Institutschef Dr. Lekaro zitiert wurde. Beim genaueren Betrachten des Namens fällt auf, dass der Name „Lekaro" rückwärts auch „Orakel" bedeutet. Hierbei handelt es sich um ein ironisches Zeichen und somit um einen Grubenhund. Im Gegensatz zum Grubenhund weisen Fake-News kein Ironie-Zeichen auf und versuchen absichtlich Meldungen zu verbreiten, die nicht dem wirklichen Sachverhalt entsprechen.

In der Medienwelt macht es somit einen Unterschied, ob eine Falschmeldung ernst oder ironisch gemeint ist. Und wie ist es beim Input von KI-Tools? Leider anders. Einige Chatbots können ironische Behauptungen nicht erkennen, einige können es jedoch bis zu einem gewissen Grad. Als zuversichtlichen Ironie-Kenner kann man KI also nicht bezeichnen. Noch dramatischer sieht es mit absichtlichen Fake-News, also Falschinformationen ohne Ironie-Zeichen, aus. Zwar sind einige KIs wiederum darauf trainiert, falsche Informationen zu erkennen, immer gelingt dies jedoch nicht. Wie schon des Öfteren erwähnt, handelt es sich bei vielen KI-Tools um komplexe Wahrscheinlichkeitsrechner. Steht somit die Wortkombination „Deutschland ist ein Land in Europa." viel öfter im Internet als „Deutschland ist ein Land in Afrika.", so erkennt der Algorithmus, dass es viel wahrscheinlicher ist, dass sich Deutschland in Europa befindet. Problematisch wird es, wenn sich verhältnismäßig viele Falschinformationen im Netz befinden. Die Wahrscheinlichkeit, dass der Algorithmus, also die KI, die richtige Antwort findet, sinkt. Der erste wichtige Schritt, um keine Falschinformationen von KI-Algorithmen zu verbreiten, ist jene Informationen aus dem Netz zu nehmen. Denn mit falschem Input kann auch kein richtiger Output entstehen.

Dies zu messen ist praktisch nicht so leicht, theoretisch jedoch möglich. Der Algorithmus kann darauf trainiert werden, bestimmte Quellen zu vermeiden. Die genaue Anzahl von Falschinformationen einer jeden Quelle zu bestimmen ist zwar nicht möglich, jedoch gibt es sehr wohl Möglichkeiten, die KI mit einigen Tendenzen zu trainieren. Beispielsweise werden in vielen Ländern am Jahresende Statistiken veröffentlicht, die zeigen, wie viele Rügen aufgrund von Falschinformationen welche Zeitung im vergangenen Jahr bekommen hat. Wurde Zeitung A 5-mal gerügt und Zeitung B 100-mal, so sollte Zeitung B als Quelle für die KI nur im Notfall in Betracht gezogen werden. Die Qualität der Input-Daten zu messen ist somit nicht immer leicht, jedoch aufgrund zahlreicher bereits vorhandener Statistiken möglich.

Ähnlich sieht es auch mit Output-Daten aus. Um die Häufigkeit falsch generierter Daten zu messen, ist einigen Chatbot-Entwicklern eine sinnvolle Idee eingefallen. Generierte Antworten können durch einen Daumen nach oben oder Daumen nach unten vom Benutzer gleich nach der Generierung bewertet werden. Fällt einem Nutzer eine falsche Information auf, so kann dieser die Information als falsch kennzeichnen. Dies nutzt der Algorithmus wiederum, um in Zukunft eine andere, bessere Antwort zu finden. Die Ehrlichkeit der Nutzer spielt bei jenem Prozedere wiederum eine große Rolle.

Zusammengefasst sind die Möglichkeiten, Falschinformationen durch KI zu vermeiden, recht umfangreich. Alles beginnt mit Internet-Daten, die wir als Internetuser der KI zur Verfügung stellen, und endet bei nutzerbasierten Bewertungsmöglichkeiten der Output-Daten. Diese Output-Bewertungen könnten gesammelt und mit anderen KIs verglichen werden.

Operationalisierung der Informationsverarbeitungsprozesse

Auch wenn es auf den ersten Blick gut möglich erscheint, den Verarbeitungsprozess einer KI zu messen, ist es in der Praxis gar nicht so leicht. Um jenen Prozess überhaupt messbar zu machen, müssen zuerst Inputs und Outputs gemessen werden. Beruht der Input auf Fakten, die nicht korrekt sind, ist nicht der Informationsverarbeitungsprozess an einem falschen Output schuld.

Die KI-Entwickler selbst sind für den ethisch korrekten Prozess verantwortlich, im Gegensatz zu den Input- und Output-Daten. Denn sie haben es in der Hand, welche Daten prinzipiell ausgeschlossen werden können. Wird beispielsweise ein Algorithmus erstellt, der bewusst Menschen mit einer bestimmten Hautfarbe weniger beachtet, so liegt das Problem nicht beim Input, sondern beim alleinigen Prozess. Des Weiteren könnte ein Algorithmus darauf ausgerichtet sein, negative Nachrichten als wichtiger einzustufen. Dies kann passieren, obwohl eine KI eigentlich gar keine Ahnung von positiven oder negativen Eigenschaften hat. Der KI-Entwickler kann dies jedoch ändern. Beispielsweise kann der Algorithmus bewusst auf von den KI-Entwicklern bestimmte Schlagwörter, wie „böse" oder „Mord", reagieren. Dies würde die Wirklichkeit noch mehr verzerren, fatale gesellschaftliche Auswirkungen wären die Folge.

Es ist wissenschaftlich durch viele Studien bewiesen, dass ein höherer Fernsehkonsum negative Einstellungen gegenüber der Welt verursacht oder zumindest verschlimmert. Personen, die mehr fernsehen, empfinden einige gesellschaftliche Entwicklungen demnach als negativer. Beispielsweise fällt die Schätzung der jährlichen Morde bei Personen mit hohem

Fernsehkonsum deutlich höher aus. Es kommt somit nicht nur auf die Richtigkeit der Input-Daten und auf die Verwendung der Output-Daten an, sondern ebenso auf die Art und Weise, wie ein Input zu einem Output wird. Das Messen dieser Daten und Prozesse kann mittels Indikatoren und Experimenten gelingen. Auch bei den Informationsverarbeitungsprozessen können unterschiedliche KIs miteinander verglichen werden. Wichtig ist wiederum, eine klare Grenze zwischen „noch ok" und „nicht mehr ok" zu ziehen. Wie streng diese Grenzen ausfallen, hängt von gesellschaftlichen und politischen Maßnahmen ab.

Teil 2

Rechtliches

Kapitel 5-8

D er Versuch eine Regel messbar und verbindlich zu machen wird auch als „Gesetz" bezeichnet. Jene Gesetze sind unbedingt notwendig, um nicht nur die ethische Verwendung der Nutzer, sondern genauso die ethische Entwicklung der Hersteller zu kontrollieren. Mit recht hoher medialer Aufmerksamkeit wurde der sogenannte „AI Act" verfasst. Es handelt sich hierbei um eine Verordnung, die von der Europäischen Union verfasst wurde und im August 2024 in Kraft getreten ist. Im folgenden Kapitel werden die wichtigsten Inhalte des AI Acts näher erläutert und im Anschluss sämtliche positive und negative Aspekte möglichst objektiv beschrieben.

Der AI Act

Schon im April 2021 wurde der Artificial Intelligence Act, kurz AI Act, verfasst. Auf den 85 DIN-A4-Seiten, unterteilt in 23 Artikeln, wird auf der einen Seite dargelegt, für wen KI-Regulierungen überhaupt gelten, auf der anderen Seite jedoch auch definiert, welche KI-Systeme von den Regulierungen betroffen sind.

Gleich zu Beginn der Verordnung wird festgehalten, wer vom AI Act betroffen ist. Hervor geht, dass sowohl für Anbieter als auch für Nutzer die formulierten Regularien gelten sollen. Anbieter können juristische Personen, Behörden, Einrichtungen und alle anderen Unternehmen, die bei der KI-Systementwicklung dabei sind, sein. Nutzer müssen natürliche Personen sein, die KI ausschließlich in der EU verwenden, auch wenn jene KI

in einem Drittstaat entwickelt wurde. Die Entwickler der bekannten Chatbots Chat GPT und Gemini müssen sich somit
laut AI Act an das europäische Gesetz halten, wenn die KI-Systeme im europäischen Raum verwendet werden sollen.

Nicht nur die Begrifflichkeiten „Entwickler" und „Nutzer" versucht der AI Act zu definieren, sondern auch den Begriff „KI"
selbst. Als „Künstliche Intelligenz" werden laut EU nicht nur
Konzepte des maschinellen Lernens oder bestimmte statistische Wahrscheinlichkeitsrechner, sondern auch auf Logik ba-
sierende Konzepte, die Inhalte voraussagen oder empfehlen
können, verstanden. Somit fallen einige IT-Unternehmen unter
diese Definition.

Die Verordnung gliedert KI-Systeme in vier unterschiedliche
Gruppen. Es handelt sich hierbei um Risikogruppen. Einzelne
KIs werden diesen Gruppen jeweils zugeordnet.

Unter die erste Gruppe fallen KI-Systeme mit „einem inakzeptablen Risiko". Das sind beispielsweise KIs, die das menschliche Verhalten manipulieren können und so Menschen schaden.
Auch Algorithmen, welche heikle soziale Eigenschaften von
Menschen bewerten können, sind laut AI Act dieser Gruppe
zuzuschreiben. Als Beispiel kann das chinesische Modell herangezogen werden, welches durch KI-Systeme die Vergabe von
Krediten entscheidet. Jeder Bürger soll eine digitale Akte haben, in der sowohl schwere Vergehen, wie Morde, als auch
ganz harmlose Gesetzesübertretungen, wie das Überqueren einer roten Fußgängerampel, eingetragen und gesammelt werden. Diese Idee wird auch „Social Scoring" genannt und soll
durch den AI Act verboten werden.

Die nächste Gruppe, jene KIs, die „Hochrisiko-KI-Systeme"
miteinbezieht, regelt den Umgang mit KI-Systemen, welche für
die Medizin oder die Strafverfolgung verwendet werden.

Auch wenn die biometrische Identifizierung unter die erste Gruppe mit einem „inakzeptablen Risiko" fällt, gibt es Ausnahmen. Sie können unter bestimmten Auflagen auch unter „Hochrisiko-KI-Systeme" fallen. Eine KI, die als „Hochrisiko-KI" eingestuft wurde, muss einige Pflichten erfüllen. Ein spezielles Risikomanagementsystem muss eingeführt werden und Regeln für das Datenverwaltungsverfahren sind einzuhalten. Durch eine technische Dokumentation sollen Informationen transparent zur Verfügung gestellt werden. Auch die intensive Prüfung von externen Fachleuten bereits vor dem Inverkehrbringen der KI ist eine Konsequenz. Eine Folgenabschätzung ist Pflicht. Außerdem muss jederzeit eine menschliche Aufsicht die Verantwortung bei Problemen übernehmen können. Nutzer und Entwickler sind verpflichtet, die Ergebnisse einer solchen KI regelmäßig zu überprüfen. Der AI Act schreibt eine „Beobachtung über den ganzen Lebenszyklus" vor.

Die dritte Risikogruppe ist unter der Bezeichnung „KI-Systeme mit begrenztem Risiko" vermerkt. Konsequenzen für Chatbot-Entwickler oder Deepfake-Programmierer werden an dieser Stelle aufgelistet. Außerdem sind KI-Systeme, die Emotionen erkennen können als „KI-System mit begrenztem Risiko" anzusehen. Zur genauen Dokumentation bei der Verwendung einer solchen KI soll der Unternehmer verpflichtet werden. Die KI-Systeme können ohne Einschränkung verwendet werden, solange alles offengelegt wird.

Die letzte Gruppe betrifft KI-Systeme mit einem minimalen Risiko. KI-gestützte Spamfilter, Videospiele und andere KI-Systeme, die keinerlei Gefahr für Leib und Leben mit sich bringen, fallen darunter. Da es sich hierbei um KI-Systeme ohne Sicherheitsbedenken handelt, soll die Verwendung nicht reguliert sein. Lediglich ein Verhaltenskodex kann auf freiwilliger Basis erstellt werden. Weder der Entwickler noch der Nutzer werden zu Transparenz oder anderen Maßnahmen verpflichtet.

Die Aufteilung in diese vier Gruppen war im Verordnungs-Entwurf noch anders geregelt. Eigentlich waren anfangs nur drei Gruppen geplant. Die Gruppe „KI-Systeme mit begrenztem Risiko" war ursprünglich Teil der Gruppe „KI-Systeme mit minimalem Risiko". Dies hätte bedeutet, dass für Chatbots, Deepfakes oder KI-Systeme, die Emotionen erkennen können, keine Auflagen gelten würden. Durch die Kritik an der fehlenden Gruppe änderte die Europäische Kommission den Entwurf und kreierte eine vierte Gruppe.

Chancen des AI Acts

Dass der AI Act von einzelnen Rechtsexperten kritisiert wird, ist nicht zu leugnen. Trotzdem hat die Europäische Kommission einige wichtige Faktoren bei der Formulierung dieser Verordnung berücksichtigt. Alleine die Tatsache, dass eine speziell auf KI maßgeschneiderte Verordnung beschlossen wurde, ist nicht nur eine gute Idee, sondern ebenso notwendig für den ethisch korrekten Umgang mit „Künstlicher Intelligenz".

Positiv zu betrachten ist die Idee, nicht nur die Nutzer, sondern genauso die Entwickler miteinzubeziehen. So wird nicht nur die Input- und Output-Dimension, sondern auch die Informationsverarbeitung berücksichtigt. Dies ist auch unbedingt notwendig, damit die Verordnung für einen verantwortungsvollen und geregelten Umgang mit KI sorgen kann. Besonders die genaue Definition des Begriffs „KI-Entwickler" ist ein wichtiger Schritt in die richtige Richtung. So müssen sich beispielsweise auch Entwickler US-amerikanischer KI-Systeme an diese Regeln halten, wenn sie möchten, dass ihre Technologie in der EU eingesetzt wird. Es liegt nahe, dass die Entwickler sich an die EU-Regulierungen halten, da ein großer Markt ohne EU verloren gehen würde. So kann der Konkurrenzmarkt in

Schach gehalten werden. Die Idee der vier Stufen führt dazu, dass nicht alle KI-Systeme gleich behandelt werden, und das ist auch gut so, da ein unterschiedliches Risiko mit unterschiedlichen KI-Systemen einhergeht.

In der Verordnung wird auch auf die große Verantwortung der KI-Entwickler aufmerksam gemacht, besonders im Bereich der „Hochrisiko-KI-Systeme", welche nicht verboten, jedoch strenger kontrolliert werden sollen. Zu jeder KI müssen natürliche Personen angegeben werden, die bei Verstößen haften. Es kann vereinzelt deutlich dramatischer sein, eine natürliche Person zu verklagen als ein Unternehmen. Geht es in der Klage um eine Straftat, wird dies besonders deutlich, da eine natürliche Person ins Gefängnis kommen kann, eine juristische Person, wie ein Unternehmen, jedoch nicht. Durch die Pflicht eine natürliche Person angeben zu müssen, werden KI-Entwickler unter Druck gesetzt und die Wahrscheinlichkeit für eine ethische oder zumindest rechtskonforme KI-Entwicklung steigt.

Zu guter Letzt muss positiv die alleinige Grundidee des AI Acts erwähnt werden. Die Tatsache, dass die potenzielle Gefahr der Technologie „Künstliche Intelligenz" erkannt wurde, ist der erste wichtige Schritt. Die Verordnung ist ein ideales Beispiel dafür, dass die allgemeine Thematik „Künstliche Intelligenz" sowohl in der Gesellschaft als auch in der Politik einen wichtigen Platz einnimmt. Das ist auch gut so. Denn wenn in Bezug auf zukünftige KI-Entwicklungen noch einiges nicht klar ist, sollte jedoch ein Aspekt nie aus den Augen gelassen werden: KI ist gekommen, um zu bleiben.

Risiken des AI Acts

Eine allgemeingültige Regulierung auf europäischer Ebene, die KI-Entwickler auf der ganzen Welt reguliert, einzuführen, kann nur als großer Fortschritt bezeichnet werden. Dies bedeutet jedoch nicht, dass es verboten ist, gute Ideenansätze und zu wenig durchdachte Details zu kritisieren. Denn auch, wenn das Grundkonzept des AI Acts mit Sicherheit zu den fortschrittlichsten Verordnungen für gesetzliche KI-Regulierungen zählt, steht die EU immer wieder für die Ungenauigkeit dieses 85-seitigen Dokuments in der Kritik. Doch was steckt wirklich dahinter?

Grundkonzept des Gesetzes ist die fast schon berühmte Pyramide mit ihren vier Stufen. Unterschiedliche Stufen einzuführen ist ohne Zweifel notwendig, da nicht jede KI gleich reguliert werden sollte. Zu kritisieren sind jedoch einige nähere Ausführungen zur Pyramide im Verordnungstext. Besonders im Abschnitt, in dem es um „Hochrisiko-KI-Systeme" geht, fehlen genauere Ausführungen. Beispielsweise zählt „die Bereitstellung gefährlicher oder schädlicher Produkte oder Dienstleistungen durch KI" zur Hochrisiko-KI und verpflichtet somit die Entwickler, ein Risikomanagementsystem zu entwickeln und eine genaue technische Dokumentation durchzuführen.

Fraglich ist hierbei jedoch, welche Produkte oder Dienstleistungen als gefährlich oder schädlich gelten. Viel näher wird dieser Text nicht ausgeführt, außer dass einige klare Beispiele wie biometrische Gesichtserkennung oder Überwachung durch KI genannt werden. Diese ungenaue Regel könnte in Zukunft zu viel Spielraum bieten und zu Streitigkeiten führen. Denn auch wenn ein Gesetz, eine Richtlinie oder eine Verordnung gewisse Tatbestände möglichst genau definiert, damit auch angemessen sanktioniert werden kann, wird im AI Act besonders die Hochrisiko-Bestimmung recht offen und interpretierbar formuliert.

Doch nicht nur an der Risikoklasse „Hochrisiko-KI-Systeme", sondern auch im Bereich „KI-Systeme mit begrenztem Risiko" ist etwas auszusetzen. Inhalte, wie beispielsweise Deepfakes, zählen zu dieser Gruppe. Auch für Chatbots ist die verpflichtende Transparenz und Dokumentation durchaus angemessen. Etwas problematischer wird es bei KI-Systemen, die Emotionen erkennen können. Es muss erwähnt werden, dass von den meisten dieser Algorithmen wohl keine Gefahr ausgeht. Trotzdem können Menschen leichter manipuliert werden und auch die Autonomie des Menschen infrage stellen. Besonders solche KI-Systeme könnten zur Überwachung von Menschen eingesetzt werden. Die Überwachung zum Ausnutzen von Personen ist auf der einen Seite laut AI Act der strenger regulierten Gruppe „KI-Systeme mit inakzeptablem Risiko" zuzuordnen, auf der anderen Seite jedoch auch der Risikoklasse „KI-Systeme mit begrenztem Risiko", da das Erkennen von Emotionen laut AI Act mit einem geringen Risiko einhergeht.

Es muss erwähnt werden, dass der AI Act einige Punkte beinhaltet, die mit Sicherheit nicht zu weit gehen. Dies bietet Spielraum für Menschen mit bösen und unethischen Absichten. Nachbesserungsbedarf ist auf jeden Fall notwendig, wenn die Verordnung den ethisch korrekten Umgang mit KI-Systemen garantieren soll. Zumindest die Strafen bei einem Verstoß sind nicht zu unterschätzen. Bis zu 30 Millionen Euro oder 6% des weltweiten Jahresumsatzes, je nachdem welcher Betrag höher ist, kann als Strafzahlung eingefordert werden. Auch wenn die Verordnung vereinzelt Schlupflöcher und Schwachstellen aufweist, kann man das nicht über die Strafzahlungen behaupten, die verhältnismäßig hoch sind. Das Unternehmen OpenAI, welches hinter der berühmten KI Chat GPT steht, müsste laut dieser Regelung über zehn Milliarden Dollar zahlen, sollte es zu einem groben Verstoß kommen. Es muss beachtet werden, dass die Europäische Union diese Gelder von dem US-amerikanischen Konzern einfordern darf. Auch im Vergleich zu ähnlichen Gesetzen fällt die Strafe verhältnismäßig hoch aus. Bei einem Verstoß gegen die Datenschutz-Grundverordnung DSGVO werden niedrigere Höchststrafen eingesetzt: 20 Millionen Euro oder 4% des weltweiten Jahresumsatzes.

Die hohen Strafen im AI Act sollen Unternehmen davon abhalten, KI-Systeme zu entwickeln oder zu nutzen, die die Sicherheit, den Lebensunterhalt oder die Rechte von Menschen gefährden.

KAPITEL 6: DATENSCHUTZ UND PRIVATSPHÄRE IN DER KI-ÄRA

M it der schnell voranschreitenden Digitalisierung sind Vorteile, aber auch potenzielle Gefahren entstanden. Aus diesem Grund sind datenschutzrechtliche Richtlinien implementiert worden. Auf der einen Seite wird die transparente Darlegung von Datenmengen gefordert, auf der anderen Seite möchte man selbst jedoch seine eigenen Daten schützen. Mit der Technologie „KI" gerät jene moralische Fragestellung, die fast schon als Feststellung angesehen werden kann, mehr denn je in den medialen Mittelpunkt. Deshalb benötigt es klar definierte Regeln, am besten in Form von Gesetzen, da jene Schriftsätze am einfachsten die Frage der Sanktionierung bei Nichteinhaltung beantworten können. Dass jene Regeln wiederum nicht zwingend einschränkend wirken müssen, sondern viel mehr ein Gewinn für den demokratischen Diskurs sein sollten, muss immer dabei im Hinterkopf behalten werden.

Im folgenden Kapitel werden nicht nur gegenwärtige und zukünftige datenschutzrechtliche Herausforderungen unter Berücksichtigung technischer und ethischer Aspekte diskutiert, sondern auch das Spannungsverhältnis zwischen transparenter Datenbereitstellung und persönlichen Datenschutzbestimmungen näher erklärt, damit aus dieser Dichotomie ein Kontinuum entstehen kann. Ein überlegtes Vorgehen ist bei jener Auseinandersetzung die Voraussetzung, um ein optimales Ergebnis erzielen zu können.

Datenschutzrechtliche Herausforderungen

Die Omnipräsenz unserer persönlichen Daten, egal ob Textdateien, Bilder, Audios, Softwares oder Suchverläufe, brachte uns die Digitalisierung. Das individuelle Bedürfnis diese Datensätze zu schützen ist eine notwendige, automatische Intuition, die uns nicht nur vor Missbrauch schützen soll, sondern ebenso unsere Selbstbestimmung fördert und bewahrt. Eine damit einhergehende Stärkung liberaler Systeme ist die automatische Folge, die sich durch die Fähigkeit der freien Informationsbeschaffung und der freien Meinungsäußerung ohne Angst vor Verfolgung äußert. Wer sich jedoch auch nur kurz mit der Thematik „Künstliche Intelligenz" beschäftigt hat, wird schnell erkennen, dass die gesamte Basis jener Technologie auf einer Grundlage besteht: Daten.

Um Daten grundsätzlich besser schützen zu können, kann zunächst das Prinzip der Sparsamkeit aufgeführt werden, da weniger Daten automatisch weniger Schutzaufwand bedeuten, eine Maßnahme, die jedoch schwer umzusetzen ist, da erstens immer mehr Daten entstehen, und zweitens die Digitalisierung mit all ihren Vorteilen einen Strich durch die Rechnung macht. Weniger Daten auf freiwilliger Basis zu produzieren, die Hebel dafür wären bei den KI-Entwicklern, ist ebenso ein unrealistisches Szenario, da kein Anbieter einen automatischen Nachteil gegenüber anderen Mitbewerbern haben möchte. Das klare Verbot Daten aus dem Deep Web und dem Darknet zu verwenden ist jedoch ein wichtiger erster Schritt in die richtige Richtung, da alleine jene Maßnahme den Großteil der weltweiten Daten zur Verwendung ausschließt. Damit ist jedoch das Problem nicht behoben, da auch im Clear Web unzählige persönliche Daten aufzufinden sind.

Um das Missbrauchsrisiko weiterhin zu minimieren, sollten auch die Prinzipien der Anonymisierung und

Pseudonymisierung an dieser Stelle erwähnt werden. Bei der Anonymisierung werden Daten so verändert, dass keine Rückschlüsse auf eine Person möglich sind. Das Entfernen von Namen, Adressen und weiteren persönlichen Daten wäre eine Maßnahme, die in der Theorie zwar logisch erscheint, in der Praxis jedoch gar nicht so leicht durchzuführen ist, da die Größe der Datenmenge dies nur schwer ermöglicht. Sollte es jedoch gelingen, die Daten so aufzuarbeiten, dass keinerlei Rückschlüsse auf Personen möglich sind, dürfen diese präparierten Datensätze frei verwendet werden, da sie nicht mehr unter die DSGVO fallen. Ein Verlust der Datenqualität ist jedoch die Konsequenz, da Lücken beim Anonymisierungsprozess entstehen.

Eine Möglichkeit, diese Lücken auf ein absolutes Minimum zu reduzieren und trotzdem eine direkte Identifizierung einer Person zu erschweren, gibt es jedoch: Pseudonymisierung. Wie schon der Name verrät, werden Daten, mit denen auf Personen zurückgeschlossen werden können, durch ein Pseudonym ersetzt. Der echte Name wird somit entweder durch einen anderen, erfundenen Namen oder durch eine Zahl, sogenannte IDs, ersetzt. Durch diesen Prozess kann ein hohes Maß an Datenschutz erreicht werden und die Umsetzung für KI-Entwickler ist verhältnismäßig wenig umständlich. Obwohl das Prinzip der Pseudonymisierung auf den ersten Blick geeignet erscheint, gibt es trotzdem einen berechtigten Grund, doch die Anonymisierung zu präferieren. Unter bestimmten Umständen ist es theoretisch möglich, die Pseudonymisierung reversibel zu machen, die Betonung hierbei liegt auf „unter bestimmten Umständen". Mit zusätzlichen Informationen, welche das Datensubjekt aufweist, ist es möglich, den Pseudonymisierungsprozess umzukehren. Der Regelfall ist das jedoch nicht. Schlussendlich sollte berücksichtigt werden, dass sich ein KI-Programm nicht zwischen Anonymisierung oder

Pseudonymisierung entscheiden muss. Im berühmten Beispiel „Chat GPT" werden beide Techniken zum Schutz der Daten angewendet.

Technologische Ansätze zum Schutz der Privatsphäre

Dass datenschutzrechtliche Überlegungen zum Schutz der Privatsphäre mit ethischen Grundüberlegungen beginnen, ist legitim, da jene Überlegungen vom Menschen ausgehen, ganz unter dem Motto: „Vom Menschen, für Menschen". Trotzdem dürfen die technologischen Aspekte nicht außer Acht gelassen werden, da es zwar immer die Idee des menschlichen Individuums ist, ein rein technologischer Ansatz jedoch für die Lösung des Problems vonnöten ist. Auf den Zyklus des politischen Prozesses, beginnend mit der Problemdefinition, der Politikdefinition, der Politikformulierung, über die Politikimplementierung, bis hin zur Politikevaluation, übertragen, würde die menschliche Idee der Problemdefinition und die Schaffung der technologischen Handlungsräume der Politikimplementierung entsprechen. Zwar muss der Mensch das Problem erkennen, umsetzbar macht es jedoch die Technik.

Neben der Anonymisierung und Pseudonymisierung gibt es noch weitere technische Möglichkeiten, Daten und somit die Privatsphäre der Input-Geber und Output-Ersteller zu schützen. Da generative KI nicht nur schriftlich-basierte Chatbots, sondern auch verbal-basierte Eingabe-Systeme, wie zum Beispiel einige Roboter, die direkte Kommunikation mit dem Menschen ermöglichen, beinhaltet, muss es auch die Möglichkeit geben, verbale Eingaben zu schützen. „Differential Privacy" ermöglicht dies durch einfache technologische Tricks. Denn auch wenn sich der Begriff „Differential Privacy" nach einer komplexen Technologie anhört, so ist dies nicht der Fall. Es handelt sich um ein zu den Daten hinzugefügtes Rauschen während der verbalen Eingabe eines Menschen. Auch wenn die richtige Implementierung jener Technologie oft eine große Herausforderung darstellt, kann ein hohes Maß an Datenschutz ermöglicht werden.

Eine weitere besondere Lernmethode, bekannt unter „Federated Learning", dient dem Schutz der Privatsphäre, ganz unter dem Stichwort „Dezentralisierung". Dezentrale Netzwerke, als Beispiel kann das sogenannte „Fediverse" genannt werden, erlangen immer mehr Zustimmung. Das Fediverse wurde als innovative Plattform erschaffen, mit dem Ziel, ein dezentrales Netzwerk aufzubauen. Der Unterschied zu normalen Online-Plattformen ist die Art der Datenspeicherung, welche im Fediverse dezentral geregelt wird. Jeder Nutzer muss im Fediverse seinen eigenen Server selbst aufbauen und die Regeln für seinen Server festlegen, unter Berücksichtigung, dass immer die Würde des Menschen im Vordergrund steht. Der ausschlaggebende Vorteil jenes Netzwerks ist die Tatsache, dass durch das dezentrale Netzwerk jeder die Hoheit über seine Daten behält. Und genau das will auch „Federated Learning".

„Federated Learning" macht es möglich, KI-Modelle auf mehreren Geräten zu trainieren, ohne dass die Daten zentralisiert werden müssen. Auch wenn die Implementierung dieser Lernprozesse nicht gerade einfach ist, kann so die Privatsphäre des Nutzers garantiert werden.

Neben den vorgestellten Technologien gibt es mittlerweile zahlreiche weitere Alternativen, wie die homomorphe Verschlüsselung, welche Daten verarbeiten kann, obwohl jene verschlüsselt sind oder die Blockchain Technologie, eine Technologie, die besonders im digitalen Währungsbereich verwendet wird, ein Beispiel hierfür wäre der Bitcoin. Diese Technologien werden immer weiterentwickelt und verbessert, um die Daten und somit die Privatsphäre der Nutzer zu schützen. Und so wie bei der KI-Thematik im Allgemeinen gilt auch bei jenen Technologien der Grundsatz: Eine Technologie ist nie per se gut oder böse. Alleine der Mensch kann bestimmen, zu welchen Zwecken die Technologie eingesetzt wird.

Die Balance zwischen Datennutzung und individuellen Datenschutzrechten

Technologien, welche die Daten der Nutzer schützen, sind nicht nur wichtig, sondern auch schon lange existent. Trotzdem hat das neue Zeitalter der Daten nicht nur den Datenschutz auf die Agenda gesetzt, sondern ebenso Transparenz. Die eigenen Daten zu schützen, jedoch gleichzeitig alle anderen Mitmenschen aufzufordern eine transparente Datenpolitik zu führen, ist wohl weder praktisch durchführbar noch ethisch korrekt oder fair. Deswegen ist die ausgewogene Balance zwischen Datennutzung und Datenschutz ein wichtiges Anliegen, welches durch klare Regeln und Kompromisse gekennzeichnet sein muss.

Lösungsansätze bieten Experten, die unter genauerer Betrachtung nicht unbedingt zu ausgewogenerer Fairness führen. Die Forderung jener Experten, darunter auch immer wieder Politiker, Daten von großen Unternehmen, Organisationen und Institutionen so transparent wie möglich zu gestalten, Daten des einzelnen Bürgers jedoch mit allen zur Verfügung stehenden Mitteln unter Verschluss zu halten, ist für einzelne Individuen einer Gesellschaft vielleicht eine Lösung, jedoch unfair für alle Mitglieder jener Gesellschaft, die eben genauso aus Unternehmen besteht. Es muss daher eine Balance zwischen transparenter Datennutzung und individuellen Datenschutzrechten geschaffen werden, die alle Akteure, darunter zählen sowohl

Privatnutzer als auch private und staatliche Unternehmen, miteinbeziehen. Problematisch bei diesen Kompromissen sind nicht etwa Daten, die sowieso der strengsten Geheimhaltung unterliegen oder Daten, die schon immer für die Öffentlichkeit zugänglich waren und dies wohl auch bleiben werden, sondern alle Datensätze, die sich genau zwischen jenen beiden Extremen befinden.

Ein Kompromiss kann nur durch eine respektvolle Kommunikation zwischen allen Akteuren gefunden werden. Es muss eine klare Linie gezogen und klare Regeln geschaffen werden, damit jeder Datensatz schnell, einfach, am besten automatisch einer Kategorie zugeordnet werden kann. Ob jener Datensatz für die Öffentlichkeit gedacht ist oder nicht publiziert werden darf, sollte eine große Menge an Menschen, bestehend aus Privatpersonen, Unternehmern und Staatsangestellten bestimmen. Mit dem Ziel, möglichst einstimmige Entscheidungen zu treffen, kann diese Art Stichprobe alle Menschen repräsentieren. Es muss jedoch klar sein, dass diese Richtlinien nur legitimiert werden können, wenn die Zustimmung aller Interessensgruppen vorhanden ist. Dieses Konzept in die Praxis umzusetzen ist schwer bis unmöglich. Trotzdem obliegt es unser aller Verantwortung für ein ähnliches Konzept zu sorgen, um datenschutzrechtliche Grauzonen zu zerstören und klare Regeln zu schaffen, die mit Sanktionen verbunden sind.

Klare Regeln sind jedoch noch lange keine Erfolgsgarantie. Dass privatwirtschaftliche KI-Unternehmen auf private Nutzerdaten zugreifen, ist im Fall der Fälle schwer nachzuweisen. Unabhängige Behörden, die solche Fälle untersuchen, gibt es zwar schon, die Ressourcen sind dafür jedoch begrenzt.

Dass der Datenschutz immer ein Fall des Vertrauens ist, sollte nun klar sein. Private Daten können jedoch nicht nur vom KI-Unternehmer vorsätzlich weitergegeben werden, sondern auch durch illegale Handlungen eines Dritten dem KI-Unternehmen entwendet werden, ein Szenario, welches allerdings unrealistischer als die vorsätzliche Datenweitergabe ist. Integrierte Sicherheitsfunktionen der KI-Unternehmer sollten die Reaktion darauf sein. Doch wie können diese Sicherheitsfunktionen aussehen?

Bei Datenübertragungen werden Daten meist geschützt. Die Praktiken zur Erhebung, Speicherung und Verarbeitung sollten laufend in unregelmäßigen Abständen von unterschiedlichen, unabhängigen Systemen überprüft werden. Die Prüfung jener Maßnahmen ist im Idealfall nur wenigen Personen im Unternehmen gestattet. So handhabt es auch Google, der Großkonzern, der bei der Gründung von Chat GPT und Gemini beteiligt war. In der Datenschutzerklärung jener Chatbots wird festgehalten, dass nur wenige ausgewählte, unternehmensinterne Mitarbeiter die Zugriffsrechte auf die Nutzerdaten haben. Die mit strengen Vertraulichkeitsverpflichtungen ausgestatteten Mitarbeiter werden kontrolliert und mit disziplinarischen Maßnahmen bis hin zur Entlassung beim Nichteinhalten jener Vertraulichkeitsverpflichtungen sanktioniert. So steht es auch in der offiziellen Datenschutzerklärung von Google.

In der Erklärung zum Datenschutz ist nicht nur geregelt, welche Sanktionen bei Verstößen folgen, sondern auch, welche Daten überhaupt wie lange gespeichert werden dürfen. Dies betrifft nicht nur den Chatbot, sondern das gesamte Google-Konto, welches der Nutzer benötigt, um den Chatbot überhaupt nutzen zu können. Der Konzern verpflichtet sich zum Beispiel, die personenbezogenen Angaben bei der Erstellung des Kontos automatisch wieder bei der Auflösung jenes Kontos zu löschen. Werbedaten werden auch ohne der Kontoauflösung gelöscht. Kann sich somit der Nutzer eines Google-Kontos und somit der Nutzer von Chat GPT oder Gemini sicher sein, keine Datenspuren beim Löschen des Kontos zu hinterlassen?

Die Antwort lautet: Nein. In einigen Ausnahmefällen darf der Konzern Daten sammeln. Gründe dafür können einen rechtlichen Ursprung haben. Besteht der Verdacht einer kriminellen Handlung, wie ein Betrugsversuch, so ist der Konzern angehalten, die Datensätze nicht bei der Auflösung des Kontos zu löschen. Genau jene Datensätze spielen eine wichtige Rolle, wenn man über die Balance zwischen Datennutzung und persönlichen Datenschutzrechten diskutiert. Denn genau das ist die Grauzone.

Sinn macht diese Klausel in der Datenschutzbestimmung auf jeden Fall, um verbrecherische Absichten schneller oder überhaupt aufklären zu können. Praktisch gesehen könnte man jene Bestimmung jedoch auch als rechtliches Schlupfloch, welches Unternehmen zu ihrem Vorteil nutzen könnten, bezeichnen. Doch mit der einfachen Begründung „Unser Unternehmen vermutet einen Betrug." ist das Unternehmen nicht aus dem Spiel. Nur durch stichfeste Beweise und eine transparente Dokumentation können solche Ausnahmefälle, die in der Datenschutzgrundverordnung rechtlich abgesegnet sind, genehmigt werden.

Am Ende dieser rechtlichen Debatte steht immer noch der Aspekt der Verantwortung an oberster Stelle. Klar muss sein, dass ein Gesetz, welches klar formuliert ist, eine Handlung zum Schutz anderer verbieten soll und mit Sanktionen verbunden ist, nie eine Garantie für ethisch korrektes Verhalten ist. Es handelt sich lediglich um den Versuch, einzelne Handlungen zu verbieten, damit ein Miteinander entstehen kann und die Verwendung der Technologie „Künstliche Intelligenz" sinnvoll ist. Wenn man bedenkt, dass ohne Regeln, ohne Regulierungen und ohne Gesetze KI wohl kaum verwendet werden könnte, so sollte man sich bewusst sein, dass man durch das Einhalten jener Gesetze und Ideen, die Verwendung von KI ermöglicht und in Zukunft auch weiter Brustkrebs im frühen Stadium erkennen kann, Schülern bei Lernprozessen hilft, Ärzten bei Operationen Arbeit abnimmt, wirtschaftliche Prozesse im Marketing besser einschätzen kann, interessantere und fesselndere Texte schreiben kann oder einem Kunststudenten eine neue Sichtweise durch Interpretationen von ausgewählten Gemälden gewährt. Das alles ist „Künstliche Intelligenz", erschaffen von uns Menschen.

KAPITEL 7: VERANTWORTLICH-
KEIT UND HAFTUNG

Das bedingungslose Einstehen für seine Handlungen, auch Verantwortung genannt, ist nicht nur eine wichtige Eigenschaft eines mündigen Menschen, sondern ebenso die Grundlage für ein gerechtes und friedliches Zusammenleben. Nur wenn die Frage der Verantwortung geklärt ist, kann auch die Haftung bei Abweichungen festgelegt und im Anschluss über Schadensersatzansprüche debattiert werden. Es sollte klar sein, dass erst nach der Verantwortungszuweisung Haftungsprinzipien formuliert werden sollten und über Schadensersatzansprüche debattiert werden kann. Im folgenden Kapitel werden Ansätze präsentiert, die eine sowohl sachlich korrekte als auch ethisch vertretbare Verantwortungszuweisung garantieren sollen. Auch die Frage nach der Haftung und den folgenden Schadensersatzansprüchen bei Verstößen soll endgültig geklärt werden. Berücksichtigt werden auf der einen Seite rechtliche Grundlagen, auf der anderen Seite utilitaristische Ansätze, die nicht immer mit Rechtsprechungen übereinstimmen.

Verantwortungszuweisung

Die Frage nach der Verantwortung ist insofern von großer Bedeutung, da die Haftung und die damit verbundenen Sanktionen von ihr abhängen. Geht etwas schief, muss man mit einer Schlacht der Schuldzuweisungen rechnen, die meist medial weiter beeinflusst und verzerrt wird. Somit sollte die Devise gelten, eine solche Schlacht unter allen Umständen zu vermeiden. Je detaillierter Fragen zur Verantwortungszuweisung bereits im Vorhinein geklärt sind, desto leichter lassen sich jene Gefechte vermeiden. Diese Fragen jedoch bis ins kleinste Detail zu klären, ist leider nicht immer möglich. Auch die Ansichten über Verantwortung in einzelnen Fällen können weit auseinandergehen.

Als Beispiel kann ein falscher Input einer KI, zum Beispiel eines Chatbots, aufgeführt werden. Daten, die von einer KI verwendet werden, müssen im Vorhinein jener KI zur Verfügung gestellt werden, die KI muss damit trainiert werden. Man stelle sich vor, ein Nutzer stellt eine Falschinformation absichtlich ins Netz. Ein KI-Entwickler trainiert seine KI nun mit jenem Datensatz. Die Folge ist eine Falschinformation im Input, welche auch zu einem fachlich inkorrekten Output führt. Die Falschinformation wird weiterverbreitet. Die Suche nach einem Fehlverhalten ist wichtig, das Ergebnis dieser Suche oft unterschiedlich. Man könnte auf der einen Seite die Schuld klar jener Person zuweisen, welche die Falschinformation absichtlich im Internet verbreitet hat. Es wäre jedoch auch möglich, den KI-Entwickler zu beschuldigen, da er möglicherweise die Information nicht genau genug geprüft hat.

Diese Debatte kann jedoch noch erheblich komplexer werden, wenn man auch andere Akteure, die bei der KI-Entwicklung und Nutzung Einfluss haben, miteinbezieht. Neben dem KI-Entwicklungsunternehmen, welches hinter der KI steckt, und dem Nutzer, muss auch eine dritte Gruppe Verantwortung übernehmen, die Rede ist von Kontrollbehörden, die auf Missstände aufmerksam machen sollten, wenn rechtliche und ethische Richtlinien vorsätzlich nicht eingehalten werden. Fasst man den Begriff der Verantwortungszuweisung noch weiter, so könnte man sogar die Verantwortung auf Forscher, Ethiker und KI-Experten übertragen, die gesellschaftlich verpflichtet sind, vor möglichen Gefahren zu warnen. Man könnte die

Debatte um die Verantwortung sogar noch breiter führen und die gesamte Gesellschaft als „Schuldigen" anführen. Diese ethisch zwar korrekte, jedoch ungenaue Feststellung kann wohl kaum klare Antworten auf die darauffolgenden Fragen über Haftungsprinzipien und Schadensersatzansprüchen finden.

Klar sollte jedoch die Tatsache sein, dass alle Akteure, die mit „Künstlicher Intelligenz" in Verbindung kommen, automatisch einen Teil der Verantwortung übernehmen müssen, seien es die Internetnutzer, welche ständig neue Daten für KI-Systeme produzieren und zur Verfügung stellen, die KI-Entwickler, die Algorithmen fair und unter ethischen Richtlinien programmieren müssen oder die Nutzer von „Künstlicher Intelligenz", welche mit offenen Augen und mit kritischem Blick durchs Leben gehen müssen, beziehungsweise wissentlich falsche Output-Daten nicht vorsätzlich verwenden dürfen. Die unbedingt notwendige Kommunikation und das Zusammenspiel jener Akteure ist ebenso wichtig, wie die korrekte Auseinandersetzung des Einzelnen mit KI-Ethik. Oder anders ausgedrückt: Verantwortung ist der Preis, den wir für die Freiheit zahlen, Risiken einzugehen.

Haftungsprinzipien

Ist die Frage nach der Verantwortung geklärt, Fakt ist, jeder Akteur, der mit KI in Verbindung kommt, trägt einen Teil der Verantwortung, kann auch über unterschiedliche Prinzipien der Haftung debattiert werden. Die zuvor aufgeführten Akteursgruppen, vom KI-Entwickler, über Kontrollorgane, bis hin zum Nutzer, sollten über möglichst genau definierte Regelungen Bescheid wissen. Problematisch an dieser Behauptung sind jedoch die teilweise lückenhaften Regelungen, welche sowieso noch nicht in Kraft getreten sind. Auch wenn der AI Act einige Streitfälle klären soll, wird es immer nötig sein, sich auch auf bereits etablierte Gesetze zu berufen, welche auf die KI-Thematik meist problemlos übertragen werden können. Als vertrauenswürdige Rechtsquellen können beispielsweise das Produkthaftungsgesetz, das Deliktrecht oder das Vertragsrecht herangezogen werden. Es handelt sich hierbei um Gesetze, welche schon lange Teil einiger Rechtssysteme sind und auch ohne KI-Gesetz für Klarheit sorgen können. Im folgenden Abschnitt wird die Auswirkung der drei oben genannten Gesetze genauer erläutert.

Das Produkthaftungsgesetz (ProdHaftG) regelt Schäden, welche durch ein fehlerhaftes Produkt verursacht wurden. Ein Fehler im KI-Algorithmus könnte beispielsweise als fehlerhaftes Produkt angesehen werden. Baut ein selbstfahrendes Auto, welches ein KI-System verwendet, einen Unfall, muss der Hersteller des Autos oder des KI-Systems die Haftung übernehmen. So könnte die Verteidigung des Geschädigten lauten. Um in jenem Rechtsstreit freigesprochen zu werden, muss der Hersteller beweisen, dass der Fehler nicht bei ihm lag, der Fehler zum Zeitpunkt des Inverkehrbringens des Produkts noch nicht vorhanden war, der Fehler durch eine nachträgliche Handlung des Nutzers verursacht wurde oder der Fehler durch einen unabwendbaren äußeren Umstand verursacht wurde. Für den Autohersteller und KI-Entwickler wäre dies womöglich der Grund, den Prozess zu verlieren.

Das Produkthaftungsgesetz kann KI-Entwickler unter Druck setzen. Sie werden dazu gezwungen, eine maximale Sicherheit zu gewährleisten. Ausführliche Tests sind eine Möglichkeit, jenes Risiko zu minimieren. Um in solch einem Fall nicht insolvent zu gehen, bei schweren Unfällen könnte das sehr schnell der Fall sein, sind Hersteller von KI-Systemen dazu gesetzlich verpflichtet, eine Produkthaftungsversicherung abzuschließen.

Ähnlich ist auch das Deliktrecht, welches die zivilrechtliche Haftung für Schäden, die durch unerlaubte Handlungen entstanden sind, klärt. Im Gegensatz zum Produkthaftungsgesetz behandelt das Deliktrecht meist vorsätzlich herbeigeführte Probleme oder Unfälle. Betrug ist einer der bekanntesten Delikte, welcher unter das Deliktrecht fällt. Damit es sich um einen tatsächlichen Verstoß gegen das Deliktrecht handelt, muss zunächst die tatsächliche Rechtswidrigkeit geprüft werden. Danach kann zwischen Vorsatz oder Fahrlässigkeit unterschieden werden, zwei Begriffe, die unterschiedlich zu behandeln sind. Ist die Frage des vorsätzlichen oder fahrlässigen Handelns geklärt, muss genau aufgeführt werden, welcher Schaden überhaupt entstanden ist. Berücksichtigt sollte dabei werden, dass ein Schaden nicht immer ausschließlich an einem Gegenstand festgestellt werden kann, sondern genauso ein emotionaler Schaden entstehen kann. Zuletzt muss immer überprüft werden, ob ein Zusammenhang zwischen Ursache und Wirkung existiert, denn ohne Kausalität auch kein Verschulden.

Des Weiteren sind einige allgemeine, bereits längst etablierte Vorschriften, die ebenfalls KI betreffen, im Vertragsrecht geregelt. Rechte und Pflichten jener Parteien, die für die Lieferung oder Zahlung der KI-Systeme verantwortlich sind, werden durch einzelne Verträge geregelt. Anforderungen oder Sicherheitsbestimmungen können festgehalten werden. Klar muss jedoch auch sein, dass einige Anpassungen im Vertragsrecht notwendig sind, damit vertragsrechtliche Bestimmungen im KI-Sektor sinnvoll greifen und angewendet werden können. Auch wenn ein eigenes KI-Gesetz, wie beispielsweise die europäische Verordnung AI Act, unbedingt nötig ist, können durch bereits bestehende Richtlinien einige Streitfälle geklärt werden.

Schadensersatzansprüche

Sind die Verantwortungszuweisung und sämtliche Fragen bezüglich der Haftung geklärt, können Schadensersatzansprüche geltend gemacht werden. Diese Ansprüche können je nach lokaler Gesetzeslage unterschiedlich ausfallen, eine Vereinheitlichung wäre somit ein großer Fortschritt, wenn gerechte Strafen nach Verstößen einhergehen sollen. Schadensersatzansprüche sind immer vom Schaden abhängig und müssen oft durch gerichtliche Verfahren eingeklagt werden. Das Gerichtsurteil, somit auch die Höhe und Art des Schadensersatzes, fällt individuell aus. Daher kann schwer die Frage nach dem Schadensersatzanspruch, geschweige denn die Höhe jenes Anspruchs, pauschal abgeklärt werden.

Da „Künstliche Intelligenz" jedoch alles andere als eine neue Erfindung ist, können Gerichte ehemalige Urteile, sogenannte Präzedenzfälle, bei der Entscheidung miteinbeziehen. Für einige KI-Unternehmen bedeutet dies wohl nichts Gutes, da in vielen Fällen hohe Ansprüche geltend gemacht werden konnten.

Ein spannender Prozess in Kanada aufgrund eines Fehlers bei einem Chatbot erregte im Jahr 2024 großes mediales Interesse. Eine kanadische Airline richtete einen Chatbot auf der Unternehmenshomepage ein, um Kunden so schneller zur Verfügung stehen zu können. Ein fehlendes Detail in den Input-Daten des Chatbots führte jedoch zu Missverständnissen. Die Fluggesellschaft bot damals Vergünstigungen bei Trauerfällen an. So konnten Trauernde vergünstigt zu Beerdigungen fliegen. Ein Kunde wollte solch eine Vergünstigung in Anspruch nehmen. Durch den Chatbot, zur Verfügung gestellt von der Fluglinie, wurde ihm mitgeteilt, erst nach dem Flug diese Vergünstigung beantragen zu müssen. Es handelte sich jedoch um eine falsche Information, da solche Vergünstigungen bereits vor dem Flug abgeklärt werden mussten. Als der Passagier nach seinem Rückflug seine Vergünstigung in Anspruch nehmen wollte, bekam er eine Abfuhr, da er jene Information nicht im Vorhinein der Fluggesellschaft bekannt gegeben hatte. Als der Kunde auf den Fehler im Chatbot aufmerksam machte, verweigerte die Fluggesellschaft trotzdem die Zahlung, da sie der Meinung war, nicht für Aussagen eines Chatbots haften zu müssen.

Es kam jedoch ganz anders. Der Fall landete vor einem kanadischen Schiedsgericht, welches die Fluglinie schuldig sprach. Der Betreiber der Website haftet für falsche Informationen, egal ob jene Informationen von einer statischen Seite oder von einem Chatbot stammen. Der Passagier bekam seine Vergünstigung.

Solche und ähnlichen Rechtsfälle können als Schablone und Hilfe bei zukünftigen Fällen dienen. Es muss jedoch klar sein, dass ein Rechtssystem durch solche Präzedenzfälle zwar gestärkt werden kann, jedoch nicht als Grundlage des gesamten Systems angesehen werden darf. Grundlage sollten bereits im Vorhinein verschriftlichte und bindende Regeln in Form von Gesetzen sein.

Eines dieser Rechtsnormen ist der AI Act, eine Verordnung der Europäischen Union. Die Frage der Schadensersatzansprüche wird angesprochen und teilweise geklärt. Auch wenn die Höhe des Schadensersatzes immer vom Fall abhängt, werden in der Verordnung die verschiedenen Arten von Schadensersatzansprüchen definiert. Ein Ersatz des materiellen Schadens darf bei Reparatur oder Austausch von beschädigten Geräten eingefordert werden. Auch immaterielle Schäden werden in der Verordnung berücksichtigt. Schmerzensgelder oder ein Verdienstausfall würden beispielsweise darunterfallen. Spezifischere Ansprüche auf Schadensersatz betreffen oft KI-Entwickler, der

Anspruch auf Unterlassung wäre ein Beispiel. Sollten einzelne Teile, egal ob physisch oder Software, die Sicherheit oder Gesundheit eines Menschen gefährden, kann der Benutzer seinen Anspruch auf Unterlassung geltend machen. Jene Teile dürfen dann in Zukunft nicht mehr von KI-Entwicklern verwendet werden. Noch dramatischer kann die Lage für den KI-Entwickler durch den Anspruch auf Rückruf eines KI-Systems sein. Hierbei werden nicht nur einzelne Teile, sondern das ganze KI-System zurückgerufen.

Ähnlich wie bei der Haftungs- und Verantwortungszuweisungsfrage muss das Rad auch bei Schadensersatzanspruchsdebatten nicht unbedingt neu erfunden werden. Außerdem können explizite Ansprüche nicht im Gesetz verabschiedet werden, da der Anspruch immer vom individuellen Schaden, dem Grad der Schuld oder dem Kontext abhängig ist. Es ist zu erwarten, dass durch das Aufkommen von immer mehr und fortschrittlicheren KI-Programmen auch immer öfters Gerichtsverhandlungen stattfinden werden müssen. Jene Urteile können dann wiederum als Präzedenzfälle eine Hilfestellung bei der Urteilsentscheidung für den Richter oder für Geschworene sein. Entscheidend werden dabei vor allem die nächsten Jahre sein.

Schlussendlich sollte jedoch immer beachtet werden, dass Gerichtsverfahren, Richter, Geschworenen, Rechtsprechungen oder grundlegende Gesetze die Voraussetzungen für eine gerechtere und kontrollierte KI-Entwicklung und Nutzung sind. Auch wenn jedes Rechtssystem seine Schlupflöcher hat, gibt es zahlreiche Länder, in denen man nicht mehr von einfachen Schlupflöchern sprechen kann, da ein gerechtes Rechtssystem, mit für einige Menschen fast schon selbstverständlichen Werten, nicht existiert. Der Grundbaustein für demokratische Werte ist nun mal eine Demokratie. Der Demokratieindex 2023, erstellt und analysiert vom Economist Intelligence Unit, versucht darzulegen, welche Regierungsformen überhaupt zu welchem Anteil weltweit vorkommen. Laut dem Index kann mehr als jedes zweite Land weltweit nicht als Demokratie angesehen werden.

Ein kontrollierter aber freier Zugang zu Internetdaten ist essenziell sowohl für KI-Entwickler als auch für KI Nutzer, wenn jene Technologie transparent aber trotzdem reguliert funktionieren soll. Bei ethisch korrekter Verwendung und unter Berücksichtigung der Menschenrechte und der lokalen Gesetzeslage wird KI mit Sicherheit auch in Zukunft durch zahlreiche Vorteile ein Teil unseres Lebens sein. Jene Technologie kann jedoch genauso von Menschen mit ethisch nicht korrekten Gedanken benutzt werden. Haben diese Menschen Macht und verhältnismäßig viel Entscheidungskraft gegenüber anderen Menschen, kann dies die Balance noch weiter aus dem Gleichgewicht bringen. Dies ist auch zu befürchten, da Machtmissbrauch auch heute in vielen Ländern an der Tagesordnung steht. Mächtige Staatsoberhäupter, Diktatoren oder Politiker sind durch „Künstliche Intelligenz" in der Lage, bereits etablierte Überwachungsmethoden auszubauen. In einigen Ländern werden Missstände jetzt schon klar. China wird immer wieder mit KI-Überwachung in Verbindung gebracht und das auch zu Recht.

Das asiatische Land baut zurzeit ein KI-System zur Massenüberwachung auf. Besonders die Gesichtserkennung gerät bei jenen Debatten immer wieder in den Fokus. Aber auch „Social Scoring", ein spezielles System zur Punktevergabe, wird immer wieder von westlichen Ländern kritisiert. Durch die bereits erwähnte Gesichtserkennung werden Bürger gescannt und können Punkte bekommen, ohne die der Zugang zu bestimmten Leistungen verwehrt bleibt. Bei nicht korrektem Verhalten, als Beispiel kann das Überqueren der Straße bei einer roten Ampel genannt werden, muss der Passant mit einem Punkteabzug rechnen.

Dass diese Methoden einige Menschenrechte verletzen, davon wird immer wieder medial berichtet. Um die wahren Schuldigen zur Rechenschaft zu ziehen, müssen Fragen der Verantwortung, der Haftung und die Höhe möglicher Strafen bereits so gut wie möglich im Vorhinein geklärt werden. Die Würde des Menschen muss dabei immer im Vordergrund stehen, eine Tatsache, welche in der „Allgemeinen Erklärung der Menschenrechte" niedergeschrieben ist. Doch wie wirken sich die Menschenrechte überhaupt auf die KI-Thematik aus oder sollte man es eher anders formulieren: Wie wirkt sich die KI-Thematik auf die Menschenrechte aus?

KAPITEL 8: KI UND MENSCHEN-RECHTE

Als ein zentrales Anliegen der Menschen müssen die Menschenrechte erwähnt werden, welche sowohl auf regionaler und nationaler Ebene als auch auf europäischer oder sogar globaler Ebene eingehalten werden müssen. Immer wieder werden Passagen wie „Die Würde des Menschen", „Gleichheit und Gerechtigkeit" oder „Frieden und Wohlstand" aus der „Europäischen Menschenrechtskonvention" oder anderen Gesetzestexten zitiert. Doch wie wirken sich jene Gesetze auf die neue KI-Technologie aus? Ist es möglicherweise notwendig, jene Rechte umzuformulieren und an das neue KI-Zeitalter anzupassen? Oder würde eine solche Anpassung der Grund für eine Verschlechterung der Menschenrechte sein, die durch ungenauere Wortlaute in einer neuen, auf KI übertragbaren Gesetzeslage verursacht wird?

Jene rechtsethischen Fragen sind unumgänglich, wenn die bekannten Passagen „Die Würde des Menschen", „Gleichheit und Gerechtigkeit" oder „Frieden und Wohlstand" auch in Zukunft ein wichtiger Teil vieler liberaler Systeme sein sollen. Das Einhergehen einer gerechteren Welt und der Möglichkeit gleichermaßen Vorteile aus „Künstlicher Intelligenz" genießen zu können, hängt sowohl von der Formulierung jener Menschenrechte, als auch von der tatsächlichen Einhaltung jener Gesetze ab. Denn nur wenn sich jeder an die Regeln hält, können diese Regeln auch ohne Einschränkung ihre maximale Wirkung entfalten. Im folgenden Kapitel sollen Ansätze vorgestellt werden, KI-Systeme menschenrechtskonform zu gestalten. Auch eine Debatte über die Anpassung der Menschenrechte an unterschiedliche KI-Technologien soll angestoßen werden, um ein Leben in einer Welt mit KI und nicht ohne KI sicherzustellen.

Auswirkungen von KI auf Menschenrechte und Auswirkungen von Menschenrechte auf KI

Bereits seit Jahrhunderten sind Menschenrechte ein Begriff. In der Magna Carta wurden bereits im Jahr 1215 spezielle Rechte der Adeligen gegenüber dem König schriftlich festgehalten. 400 Jahre später wurde die Bill of Rights in England verabschiedet, welche den Bürgern das Recht auf freie Meinungsäußerung, das Recht auf ein faires Verfahren und das Recht auf freie Religionsausübung gab. Am bekanntesten ist jedoch die verhältnismäßig junge „Allgemeine Erklärung der Menschenrechte", welche 1948 von der Generalversammlung der Vereinten Nationen verabschiedet wurde. In 30 Artikeln werden unterschiedliche Rechte formuliert. Es handelt sich außerdem um das am meisten übersetzte Dokument der Welt, da es in über 500 Sprachen zur Verfügung steht, eine Tatsache, die auf die generelle Wichtigkeit allgemeiner Menschenrechte hinweist.

Die Geschichte der Menschenrechte geht teilweise hunderte Jahre zurück. Immer wieder wird diskutiert, jene Rechte möglicherweise an neue Entwicklungen anzupassen, da durch eine neue Ausgangslage auch neue, verbesserte Gesetze vonnöten sind. Die schnell voranschreitende Digitalisierung und die ständige Verbesserung von Systemen, welche mit „Künstlicher Intelligenz" arbeiten, sind nur zwei Gründe, die „Allgemeine Erklärung der Menschenrechte" von 1948 noch einmal genauer unter die Lupe zu nehmen. Die Veränderung der

Menschenrechte sollte jedoch nur eine Erweiterung sein und nicht bereits vorhandene Punkte grundlegend streichen. Das Recht auf freie Meinungsäußerung, das Recht auf Arbeit oder das Diskriminierungsverbot muss unbedingt erhalten bleiben. Dies schließt jedoch nicht das Einführen von völlig neuen Ansätzen aus. Doch wie könnten diese fehlenden, noch zu erweiternden Punkte inhaltlich aussehen?

Ein grundsätzliches Recht auf den Zugriff von bestimmten digitalen Informationen ist in der Menschenrechtskonvention logischerweise nicht berücksichtigt, da vor 70 Jahren einige Technologien wie beispielsweise das Internet weder erfunden noch etabliert waren. Ein Recht auf digitale Teilhabe wäre eine Möglichkeit auch auf Entwicklungsländer zu achten, dessen Bewohner von der Technologie „Künstliche Intelligenz" womöglich noch nicht einmal gehört haben. Der Ausbau von weniger fortschrittlichen Technologien ist jedoch Grundvoraussetzung, da ohne Internetzugang auch schwer ein Chatbot in weniger entwickelten Ländern funktioniert. Auch wenn also der Grundgedanke Entwicklungsländer mit KI auszustatten ein richtiger ist, wird die Umsetzung dieser Idee schwierig bis unmöglich sein.

Die Auswirkungen der Menschenrechte auf „Künstliche Intelligenz" sind nicht zu leugnen. Sie sind schon lange ein Teil unserer Gesellschaft und versuchen den ethisch korrekten Umgang untereinander zu fördern. Gleichzeitig müssen auch die Auswirkungen von „Künstlicher Intelligenz" auf die Menschenrechte nicht außer Acht gelassen werden. Denn mit neuen Technologien kommen auch neue Regeln einher. Bei der Aufstellung neuer Regeln sollten jedoch einige Aspekte bedacht werden. Die bereits etablierten, wichtigen und richtigen Menschenrechte, die mit KI problemlos verknüpft werden können, sollten nicht nur erhalten bleiben, sondern auch als Grundbaustein und Richtlinie für das Verfassen von neuen Menschenrechten angesehen werden, die gezielt an die KI-Thematik angepasst werden müssen. Denn je genauer eine Regel ist, desto weniger Spielraum für Missbrauch gibt es. Selbst wenn schlussendlich jedes Gesetz vom Kontext abhängig ist, muss durch KI-Regulierungen die Kontrolle über einen wertebasierten Umgang mit KI zur Vermeidung von ethischen Implikationen garantiert werden.

Potenziale von KI für die Förderung der Menschenrechte

Immer wieder wird über eine mögliche Verschlechterung der Menschenrechte durch den Einsatz von KI geredet, und das auch zu Recht. Schließlich hat der Mensch wohl schon jede Technologie zu seinen Gunsten ausgenutzt, ohne Rücksicht auf andere Mitmenschen zu nehmen. Auf der einen Seite ermöglichen die sozialen Netzwerke eine völlig neue Art der Kommunikation und des Informationsaustausches, auf der anderen Seite stellen einige Nutzer absichtlich falsche Informationen zur Täuschung zur Verfügung. Es ist möglich, Gewaltverbrechen durch Foto- oder Videotechnologie aufzuklären. Gleichzeitig wird illegales Material mit derselben Technologie hergestellt. Insofern ist die Debatte über die Verschlechterung menschenrechtskonformer Bedingungen durch den Einsatz von KI durchaus berechtigt. Doch was, wenn alles gut ausgehen würde?

In „Künstlicher Intelligenz" steckt großes Potenzial, einige bereits etablierte Menschenrechte sogar zu verbessern. Grundvoraussetzungen sind jedoch die Zurverfügungstellung der KI-Technologie und der Zugriff auf dafür notwendige

Technologien, wie dem Internet. Sind die erwähnten Voraussetzungen erfüllt, kann KI auch in schlechter entwickelten Regionen den Zugang zu Information und Bildung ermöglichen. Neue Ansichten können entstehen, die durch unterdrückerische Maßnahmen noch keine Chance hatten. Vorausgesetzt ein Land schränkt den Zugriff auf Internet und unterschiedliche KI-Systeme nicht ein, wird die Meinungsfreiheit auf ein neues Niveau gehoben. Problematisch ist hierbei jedoch die Tatsache, dass genau jene Länder, die den freien Zugriff auf das Internet einschränken, auch die Länder sind, in denen fortschrittliche KI-Technologien wohl kaum erlaubt werden würden.

Geht es um Arbeit und die Jobvergabe, kommen wohl einigen sofort die zahlreichen Möglichkeiten, mehr Profit aus der Arbeit eines einzelnen Mitarbeiters zu schlagen, in den Sinn. Doch KI kann nicht nur für unethische Zwecke im Arbeitsmarkt eingesetzt werden. KI-gestützte Algorithmen können genauso für eine fairere Arbeitsvergabe sorgen und die allgemeine Zufriedenheit in einem Land steigern. Es sollte jedoch immer bedacht werden, dass am Ende des Tages die Entscheidung ein qualifizierter Mensch treffen muss, wenn ein Job zu vergeben ist. Die Zusammenarbeit zwischen einer ethisch trainierten KI und dem Menschen kann zu einer gerechteren und sozialeren Jobvergabe führen. Ethische Richtlinien müssen aber besonders bei Algorithmen, welche bei der Jobvergabe eingesetzt werden, eingehalten werden. Das sofortige Eingreifen und die Möglichkeit einer Veränderung durch einen Menschen sind die Grundvoraussetzungen, damit viele KI-Technologien überhaupt eingesetzt werden können.

Auch wenn es bereits zu spät ist und ein Menschenrecht, wie beispielsweise das Recht auf Sicherheit, durch einen Krieg nicht eingehalten werden konnte, kann KI dafür sorgen, dass dieses Menschenrecht doch eingehalten wird. Humanitäre Hilfe kann durch „Künstliche Intelligenz" leichter das Ziel erreichen und

Menschen in Not kann schneller geholfen werden. Die Verteilung von Hilfsgütern wäre ein Paradebeispiel für einen ethisch korrekten Zweck, eine KI zu verwenden.

Nicht nur das Recht auf Sicherheit, sondern ebenso das Recht auf Gesundheit und das Wohlergehen eines Menschen kann durch KI optimiert werden. Die Anwendung von KI in der Medizin ist auch heute schon ein Thema und wird mit hoher Wahrscheinlichkeit auch in Zukunft bedeutend sein. Egal ob Diagnose, Behandlung, Forschung, Prävention oder Verwaltungsaufgaben – „Künstliche Intelligenz" kann Ärzten zur Seite stehen und Leben retten. Zweite Meinungen können von KI-Algorithmen eingeholt werden und das qualifizierte Fachpersonal möglicherweise auf die richtige Fährte locken. Neben der Erstellung von Behandlungsplänen kann auch die Durchführung eines Roboters bei speziellen Operationen Abhilfe schaffen. Die Wahrscheinlichkeit möglicher Nebenwirkungen bei neuen Medikamenten kann ebenso von gut trainierten Chatbots berechnet werden. Bei der Patientenaufklärung soll ebenso KI ins Spiel kommen, die Meinung eines qualifizierten Arztes ist jedoch unumgänglich. Zu guter Letzt wird in Zukunft durch KI wohl die Terminplanung einiger Ärzte effizienter. All diese Möglichkeiten spielen eine wichtige Rolle, wenn es um das Menschenrecht „Gesundheit" geht.

Leider wird mit KI immer wieder das Auftreten von Fehlern verbunden, welche im Bereich der Medizin im schlimmsten Fall Leben kosten können. Trotzdem wäre es verantwortungslos, die bahnbrechende Technologie „Künstliche Intelligenz" im medizinischen Bereich zu meiden. Denn auch wenn ein Algorithmus immer Fehler aufweisen kann, wird ebenso nie der beste Arzt fehlerlos sein. Aber wenn man bedenkt, dass KI beispielsweise Brustkrebszellen mit hoher Wahrscheinlichkeit deutlich früher als der Mensch erkennen kann, wäre es unverantwortlich, jene Technologie nicht zu verwenden.

Auch wenn sich die Sichtweise auf einige Menschenrechte durch KI in den nächsten Jahrzehnten wohl verändern wird, muss dies nicht bedeuten, dass jene Sichtweise schlechter sein muss. Die ständige Auseinandersetzung mit KI, der fachwissenschaftliche Austausch untereinander und die Erschaffung von ethischen Richtlinien in Zusammenhang mit KI sind Voraussetzungen, damit eine Zukunft mit KI und nicht gegen KI entstehen kann. Denn eines muss immer im Hinterkopf behalten werden: Auch wenn KI viel Gutes im Bereich der Menschenrechte bewirken kann, kann genauso das Gegenteil der Fall sein.

Risiken von KI für die Menschenrechte

Dass immer ein Mensch für Verstöße gegen die Menschenrechte verantwortlich ist, sollte klar sein. Denn eine KI ist grundsätzlich weder gut noch böse. Alleine dem Menschen ist es möglich, das „Gute" oder das „Böse" durch eine KI zum Ausdruck zu bringen.

Diskriminierungen und negative Auswirkungen von Ungleichheiten sind besonders durch das digitale Zeitalter zum Problem geworden. Eine KI ist zwar grundsätzlich werturteilsfrei, jedoch kann dies rasch durch Menschen geändert werden. Ein Training eines KI-Programms mit unethischen Daten kann zu solchen Werturteilen führen und gezielt Personen benachteiligen. Dieses unethische Training passiert meist sogar unabsichtlich, eine Tatsache, welche die Thematik noch heikler macht.

Als Beispiel kann ein Fall in den Vereinigten Staaten genannt werden, welches mit der Apple Card zu tun hat. Es handelt sich hierbei um eine Kreditkarte, welche beantragt werden kann.

Eine KI-Software wurde eingeführt, um über die Vergabe der Kreditkarte und den Kreditkartenrahmen zu bestimmen. Ein Nutzer beklagte, dass er und seine Frau die identischen Angaben machten und trotzdem er einen 20-mal höheren Kreditrahmen bekam als sie. Aber wie konnte das passieren? Das Problem lag an dem ethisch nicht korrekten Input. Die KI wurde mit Daten aus der Vergangenheit trainiert. Da Frauen in manchen Berufsbranchen immer noch weniger als Männer verdienen, stufte der Algorithmus Frauen automatisch unter einer geringeren Kreditwürdigkeit ein. Auch die Tatsache, dass Männer in der Vergangenheit durchschnittlich höhere Kredite als Frauen aufgenommen haben, verstärkte die Annahmen des Bots. Selbst wenn es dem Menschen oft nicht bewusst ist, dass ein ethisch unkorrektes Verhalten vorliegt, kann es durch „Künstliche Intelligenz" schnell klar werden. Die KI, welche die Kreditvergabe regelte, handelte grundsätzlich nicht unethisch. Sie verglich nur bereits vorhandene Datensätze, die zur Verfügung gestellt wurden. Als unethisch inkorrekt kann höchstens das vergangene Verhalten der Menschen bezeichnet werden, welches zu den diskriminierenden Daten führte.

Auch bei der Berechnung der Rückfallgefahr von Straftätern wurde bereits „Künstliche Intelligenz" eingesetzt. Daten des Angeklagten wurden dabei eingegeben und der Algorithmus berechnete dann eine individuelle Rückfallgefahr. Einige Fragen, die der Algorithmus bei der Berechnung berücksichtigte, waren zum Beispiel: „Haben sich die Eltern des Beschuldigten getrennt?", „Waren Freunde oder Verwandte des Beschuldigten im Gefängnis?", „Wie oft ist der Beschuldigte umgezogen?" oder „Welchen Umgang pflegte der Beschuldigte mit Geld?". Datensätze von über 10.000 Fällen wurden zur Verfügung gestellt. Im Nachhinein wurde nachgewiesen, dass die Software fälschlicherweise fast doppelt so häufig eine hohe Rückfallwahrscheinlichkeit bei schwarzen Personen als bei weißen

Häftlingen feststellte. Nach längeren Untersuchungen konnte auch ein Grund für die falsche Berechnung der KI gefunden werden, der eigentlich auf der Hand lag. Der Algorithmus untersuchte hauptsächlich die Lebensumstände der Angeklagten und des sozialen Umfeldes. Diese Lebensumstände waren bei Schwarzen deutlich schlechter. Von einem Recht auf ein faires Verfahren kann man bei der Verwendung jener Software nicht sprechen, da der Algorithmus eine Gruppe von Menschen nicht gleich behandelt. Auch in diesem Fall wurde nicht absichtlich mit ethisch unkorrekten Daten trainiert. Dies beweist jedoch lediglich die tatsächliche Gefahr für die Menschenrechte.

Das Recht auf Datenschutz und Privatsphäre ist ein Menschenrecht, welches wohl immer wichtiger wird. Klar muss jedoch immer sein, dass die Grundlage jeder KI Daten sind. Das Zurverfügungstellen von Daten ist somit unumgänglich, wenn eine KI mit niedriger Fehleranfälligkeit erschaffen werden soll. China verwendet bereits Gesichtserkennungssoftwares, die in öffentlichen Bereichen zur Massenüberwachung eingesetzt werden. Diese gesammelten Daten können für kommerzielle oder politische Zwecke verwendet werden.

In allen Staaten kann durch KI die freie Meinungsäußerung drastisch einschränkt werden, und das mit nur wenigen Klicks. Filter können eingesetzt werden, um gewisse Inhalte automatisch zu löschen. Die Opposition oder unzufriedene Bürger können so unterdrückt werden. Diese Möglichkeiten sind jedoch nichts Neues und werden schon seit Jahren ausgenutzt. Denn auch wenn das Thema KI erst seit 2022 medial präsent ist, gibt es die Technologie KI schon seit einigen Jahrzehnten.

Einschränkungen der Menschenrechte durch KI werden stets immer vom Menschen verursacht, egal ob absichtlich oder ungewollt. Missstände müssen beobachtet und gemeldet werden,

Handlungen, die in der Praxis jedoch meist nur schwer möglich sind. Genauso kann der Mensch diese Technologie für eine Verbesserung der Menschenrechte nutzen. Denn auch wenn manche Menschenrechte durch das digitale Zeitalter angepasst oder vielmehr erweitert werden sollten, müssen die bereits bestehenden Menschenrechte eingehalten werden, damit eine Zukunft mit KI mehr Vorteile als Nachteile bringt.

> *Zusammenfassend lässt sich sagen, dass KI ein großes Potenzial für das Gute hat, aber gleichzeitig auch Risiken für die Menschenrechte birgt. Es ist wichtig, dass wir uns dieser Risiken bewusst sind und aktiv dafür sorgen, dass KI im Einklang mit den Menschenrechten entwickelt und genutzt wird.*

Teil 3

Menschliches

Kapitel 9-17

KAPITEL 9: ETHISCHE GRUND-
PRINZIPIEN UND DIE 3 DIMENSIO-
NEN

Gesetzliche Regelungen werden immer mit dem Hintergrund, die Gesellschaft zu schützen und neue Möglichkeitsräume zu erschaffen, verfasst. Dies ist auch notwendig, da „Künstliche Intelligenz" eine mächtige Technologie ist und somit auch gerne ausschließlich zur Verfolgung eigener Interessen verwendet wird. Auch wenn religiöse, persönliche oder kulturelle Faktoren das individuelle Verständnis von ethisch korrektem Verhalten beeinflussen, gibt es einige Aspekte, die unabhängig von Religion, Kultur oder persönlichen Meinungen eingehalten werden müssen. Einige dieser Grundsätze stützen sich auf die bereits erwähnten Menschenrechte, die ein gerechtes und friedliches Leben untereinander gewährleisten sollen.

Im folgenden Kapitel werden zumeist selbstverständliche, ethische Grundprinzipien vorgestellt, mit der KI-Thematik in Verbindung gebracht und auf mögliche Missstände aufmerksam gemacht. Unterschiedlichste Akteure, die mit KI in Verbindung kommen, seien es Personen, die Inhalte erschaffen und für die Input-Daten verantwortlich sind, KI-Entwickler, welche versuchen die beste und fortschrittlichste KI auf den Markt zu bringen, Nutzer von unterschiedlichen KI-Systemen oder unabhängige Behörden, die das Handeln jener drei Gruppen beaufsichtigen, werden in Verbindung gesetzt und zur Einhaltung von ethischen Richtlinien aufgefordert. Auch wenn die Wichtigkeit der folgenden menschlichen Werte für einen großen Teil der Bevölkerung als selbstverständlich gilt, ist es essenziell, jene Werte trotzdem zu erwähnen, da ethische Implikationen immer wieder unbewusst und ungewollt entstehen.

Input

Von der bereits geklärten Verantwortungsfrage lässt sich ableiten, dass nicht nur die KI-Entwickler, sondern auch die Nutzer Datenmaterial zur Verfügung stellen. Jede einzelne Person, die Daten ins Internet stellt, ist ein Input-Geber, sei es ein Posting auf Social Media, ein Text auf der eigenen Unternehmenshomepage, ein Kommentar zu einem Zeitungsartikel, ein Blogbeitrag oder das Hochladen eines Profilbildes. Man müsste sich in digitalisierten Ländern schon fast vom Rest der Gesellschaft abschotten, um nicht als Input-Geber zu gelten. Auf all diese Daten wird bei der Verwendung von Chatbots oder anderen KI-Applikationen zugegriffen, um eine möglichst genaue Antwort liefern zu können.

Aber wie kann man nun als Internetnutzer wirklich bedeutende Maßnahmen setzen und Lösungen bieten? Ist das überhaupt realistisch, da eine Einzelperson für einen Wahrscheinlichkeitsrechner eben nur einen einzelnen Datensatz darstellt und sich im Verhältnis auf den Algorithmus kaum auswirkt? Die Antwort lautet: Jein. Klar ist, dass wie bei so vielen Angelegenheiten ein Einzelner nur wenig bewegen kann, eine Masse jedoch alles verändern kann. Trotzdem sollte sich nicht nur jeder KI-Nutzer, sondern sogar jeder Internetnutzer bewusst sein, dass ein kleiner, einzelner Beitrag besser ist als kein Beitrag.

Die erste Maßnahme, das ethische Grundprinzip der Ehrlichkeit in Verbindung mit KI zu stärken, beginnt mit unserer

Grundeinstellung, die von Mensch zu Mensch unterschiedlich ist. Übertragen auf das berühmte Chatbot-Beispiel bedeutet dies, dass jene Personen, die für das Datentraining verantwortlich sind, ehrliche Angaben machen und Falschinformationen so gut wie möglich vermeiden. Da jeder aktive Internetnutzer mit seinen zur Verfügung gestellten Daten eine KI trainiert und den Output so beeinflussen kann, trägt auch jeder Nutzer einen Teil der Verantwortung. Hängt die Existenz der Welt von der Ehrlichkeit der Menschen ab, so würde jene Welt schnell dem Untergang geweiht sein. Ist ein ethisch korrekter Input somit reine Utopie?

Nicht unbedingt. Menschen lassen sich in drei unterschiedliche Gruppen einteilen, wenn es um Begrifflichkeiten wie „ethisches Verhalten" oder „Ehrlichkeit" geht. Die problematische Gruppe, im Folgenden auch als „Die Unehrlichen" bezeichnet, beabsichtigt es, falsche Informationen bewusst zu verbreiten. Nicht nur im Internet, sondern genauso im alltäglichen Leben richtet diese Gruppe großen Schaden an. Tatsachen werden mit falschen Fakten vermischt und führen unausweichlich zu falschen Inputs, die wiederum zu falschen Outputs führen. Die zweite Gruppe kann man mit der Bezeichnung „Die Stillen" recht gut zusammenfassen. Hierbei handelt es sich um Personen, die falsche Informationen erkennen, diese herausfiltern und anschließend jedoch nichts unternehmen. Im Grunde wollen sie niemanden etwas Böses und halten sich aus anderen Angelegenheiten heraus. Die letzte Gruppe ist jene Gruppe, die als ein großer Gewinn für Mensch aber auch KI bezeichnet werden kann. Die „Melder" zögern nicht lange, wenn ihnen eine Falschinformation unterkommt. Was machen sie? Sie melden Inhalte und sind somit ein wichtiger Teil der Gesellschaft, wenn Falschinformationen gelöscht werden sollen. Klar muss jedoch immer sein, dass nicht jeder Mensch genau einer Gruppe zugeordnet werden kann. Lügen liegt schließlich in unserer Natur.

Schätzungsweise lügen wir Menschen 25-mal am Tag, einige Studien gehen sogar von deutlich mehr Lügen aus. Jeder Mensch, jeder Internetnutzer, jeder Social-Media-Nutzer und jeder KI-Nutzer gibt täglich Unwahrheiten von sich, ein menschlicher Überlebensinstinkt. Man sollte im vorherigen Beispiel somit niemals eine Einzelperson klipp und klar als „Unehrlichen", „Stillen" oder „Melder" abstempeln. Vielmehr lässt sich bei Menschen eine Kombination aus allen drei Gruppen erkennen. Wichtig ist jedoch die Aufteilung. Während der eine oft schweigt, manchmal unehrlich ist und so gut wie nie falsche Inhalte meldet, schweigt der nächste viel weniger, ist seltener unehrlich und versucht so oft wie möglich falsche Inhalte zu melden. Grafisch könnte man jene Situation auch in einem Kreisdiagramm mit den erwähnten drei Beriechen abbilden.

Jeder Mensch ist verantwortlich für die Darstellung seines individuellen Kreisdiagramms. Dass ein Mensch niemals lügt oder alle falschen Inhalte immer meldet, ist wohl kaum möglich. Doch dies ist nicht allzu schlimm. „Künstliche Intelligenz" kann man sich auch als eine Art besseren Wahrscheinlichkeitsrechner vorstellen. Das Ergebnis, welches am ehesten mit den trainierten Daten übereinstimmt, wird als Output wiedergegeben. Es ist somit sehr wohl möglich, dass „Künstliche Intelligenz" eine einzelne Falschinformation erkennt und daher nicht weiter analysiert. Eine Tatsache sollte jedoch immer bedacht werden: Je weniger falsche, aber auch ethisch nicht korrekte Inhalte zur Verfügung stehen, desto wahrscheinlicher ist ein fachlich und ethisch korrekter Output. Als „Melder" kann jeder seinen eigenen, wertvollen Beitrag leisten.

Informationsverarbeitung

Die schon oft erwähnten Informationsverarbeitungsprozesse, jene Prozesse, die durch Technologien ermöglicht werden, basieren auf Computercodes und Zahlenkombinationen. Dass eine Kombination aus Zahlen keine ethische Verantwortung oder ethisches Bewusstsein entwickeln kann, ist eine logische Tatsache. Dies bedeutet jedoch nicht, dass ethische Grundprinzipien bei der KI-Entwicklung überhaupt keine Rolle spielen. Das Gegenteil ist der Fall. Schließlich geht es nicht um die Technik selbst, sondern viel mehr um die Personen welche die Technik entwickeln.

Betroffen davon sind mehr Leute, als man auf den ersten Blick vermutet. Während das Unternehmen McKinsey im Jahr 2022 von weltweit 360.000 KI-Entwicklern ausgegangen ist, berufen sich Schätzungen des Oxford Economics bereits ein Jahr später auf 1,3 Millionen KI-Entwickler. Eine genaue Anzahl zu bestimmen ist jedoch unmöglich, da es unterschiedliche Definitionen des Begriffs „KI-Entwickler" gibt. Während eine Definition reine Softwareentwickler miteinbezieht, zählt das nächste Institut nur das reine Machine Learning dazu. Klar ist jedoch, dass der Markt ständig wächst und er dies laut Prognosen auch noch lange tun wird.

Unabhängig davon, welche Definition nun als „richtig" abgestempelt wird, sind zwischen einigen hunderttausend und über einer Million Menschen in der KI-Entwicklung tätig und somit verantwortlich für sämtliche Informationsverarbeitungsprozesse. Auf die gesamte Weltbevölkerung übertragen sind dies jedoch recht wenig, da eine Million nur 0,0125% der gesamten Weltbevölkerung von 8 Milliarden entspricht. Diese Zahlen sprechen für die Hypothese, dass relativ gesehen wenige Personen für einen großen Teilbereich verantwortlich sind.

Allgemeingültige Regeln sind notwendig, um jene kleine Gruppe der KI-Entwickler in Teilbereichen zu regulieren und eine ethische KI-Entwicklung gewährleisten zu können. Während festgelegte Gesetze, beispielsweise die viel zitierte Verordnung der Europäischen Union AI Act, eine rechtliche Basis, die teilweise auch ethische Aspekte behandelt, darstellen, kann die ungenaue und oft schwammige Formulierung jener Regeln besonders aus krimineller Perspektive ausgenutzt werden. Denn jedes Gesetz muss im richtigen Kontext verwendet werden, wenn es seinen Zweck erfüllen soll. Kontexte können jedoch verdreht werden und aus unterschiedlichen Perspektiven verwendet werden. Der Versuch ethische Grundüberlegungen zu Operationalisieren wurde bereits in Kapitel 4 unternommen.

Durch diese Regeln sollen KI-Entwickler in ihrem Handeln eingeschränkt werden, unter Berücksichtigung einer freien Marktwirtschaft. Die Grenze zwischen marktwirtschaftlicher Freiheit und ethischer Regulierung ist eine heikle Thematik. Besonders polarisierend sind Veränderungen am Arbeitsplatz durch die Technologie „Künstliche Intelligenz". Schon heute kann man immer wieder in Supermärkten den ständigen Abbau von qualifizierten Arbeitskräften beobachten. Während vor einigen Jahren jede Kassa besetzt war, setzen heutzutage immer mehr Arbeitnehmer auf automatische Kassensysteme, welche nicht von Mitarbeitern bedient werden müssen. Kunden können so selbstständig Waren scannen und anschließend mit Karte bezahlen. Wäre es aus soziologischer Perspektive nicht sinnvoller Menschen einzustellen, die diese Tätigkeit ausüben? Schließlich zeigen zahlreiche repräsentative Studien, dass die Möglichkeit einer täglichen Tätigkeit, eines Berufs, sich positiv auf die Psyche des Menschen auswirkt. Auch wenn einige es vielleicht nicht wahrhaben wollen steht fest: Arbeiten hält uns sowohl kognitiv als auch physiologisch fit. Führt daher die kontinuierliche Ersetzbarkeit des Menschen zu einem Anstieg an Depressionen in der Gesellschaft? Nicht unbedingt.

Betrachtet man die Problematik mit dem Arbeitsverlust aus einer langfristigeren Perspektive, so wird man möglicherweise genau das Gegenteil feststellen. Es werden zwar im Beispiel „Supermarkt" einige Kassierer ihren Job verlieren, was jedoch nicht bedeutet, dass durch den Einsatz von einem automatischen Kassensystem keine anderen Jobs erschaffen werden können. Stellt man sich die Frage, wer bei der Herstellung eines solchen Kassensystems mitwirkt, wird man auf einige unterschiedliche Berufsgruppen stoßen. Schließlich müssen solche Systeme, erfunden, programmiert, hergestellt, installiert, weiterentwickelt und gewartet werden. Dazu kommt der neue Job eines Supermarktmitarbeiters, der die Geräte beaufsichtigt oder bei Fragen zur Verfügung steht.

> *Die Einführung von automatischen Supermarktkassensystemen, auch als Self-Checkout-Systeme (SCS) bekannt, wird zwar einige Stellen im Bereich der Kassierer ersetzen, aber es entstehen auch neue Berufsfelder und die Anforderungen an bestehende Berufe verändern sich.*

Denkt man unterschiedliche Szenarien, die zu mehr oder weniger Jobs führen, durch, so kommt man letztendlich wieder auf den Schluss, dass jene zukünftigen Entwicklungen alleine vom Menschen abhängig sind. Berücksichtigt man diesen ethischen Faktor nicht, so kann es zu zahlreichen Arbeitslosen kommen. Bei genauer Planung und einer ethischen, menschlich korrekten Handhabung kann die Gesellschaft, der Arbeitsmarkt und die Wirtschaft mit Sicherheit von KI profitieren. Der CEO eines Digitalisierungsunternehmens Nahed Hatahet hat diese möglichen Szenarien im Arbeitsmarkt mit dem Verschwinden der Wiener Fiaker-Kutschen verglichen. Durch die Erfindung des Automobils wurden sehr viele Kutscher arbeitslos. Langfristig gesehen hat jene Erfindung jedoch viel mehr Jobs kreiert, wenn man die Herstellung und den Vertrieb eines Autos berücksichtigt. Die Technologie „Künstliche Intelligenz" kann das auch.

Output

KI-Entwickler sind für die Einhaltung wichtiger ethischer Aspekte bei der Entwicklung verantwortlich. Die bewusste oder manchmal auch latente Entscheidung, eine „Künstliche Intelligenz" zu verwenden, trifft der Benutzer. Die unbewusste Entscheidung des Benutzers darf nicht unterschätzt werden. Schließlich kann auch die Routenberechnung eines Navigationssystems als KI bezeichnet werden, je nach Definition. Die reine Technologie „Künstliche Intelligenz" ist schon lange ein wichtiger und essenzieller Teil unserer Gesellschaft, und das eben oft unbewusst. Zählt man das bekannte Sprachmodell von Chat GPT zu „Künstlicher Intelligenz", so muss man auch die Routenberechnung eines Navigationssystems dazuzuzählen, da beide Applikationen durch ähnliche Algorithmen funktionieren. Sie unterscheiden sich lediglich in ihrer Komplexität. Ein Chatbot benötigt demnach ein deutlich größeres Spektrum an Datensätzen, um gut funktionieren zu können.

„Künstliche Intelligenz" geht jedoch noch deutlich weiter. Wäre dies nicht der Fall, so wären ethische Berücksichtigungen wohl kaum nötig. Die Datensätze, die KI-Systemen zur Verfügung gestellt werden, sind unterschiedlich. Grundsätzlich gilt jedoch: Je mehr Datenmaterial vorhanden ist, desto höher die Wahrscheinlichkeit auf eine richtige und möglichst genaue Antwort. Diese Erkenntnis ergibt sich aus dem bereits erwähnten Beispiel aus Kapitel 2 „Die Farbe des Autos ist Blau." Ein Chatbot kennt demnach nicht die Bedeutung hinter den

Worten, sondern berechnet sich lediglich eine Buchstabenkombination, die am wahrscheinlichsten folgen wird. Grundlage bieten sämtliche Daten, mit denen die KI trainiert wurde.

Klar ist daher, dass die fachliche Qualität der Output-Daten von den Input-Daten abhängig ist. Der ethisch unbedenkliche Output eines KI-Tools beginnt daher indirekt schon bei den Input-Daten. Ethisch korrekte Input-Daten, gefolgt von einem transparenten Informationsverarbeitungsprozess durch die KI-Technologie sind jedoch keineswegs die Garantie für ein ethisch korrektes Output-Ergebnis. Zwar werden die verarbeiteten Daten grundsätzlich ethischen Normen entsprechen, die ethische Anwendung dieser Daten geht damit jedoch nicht zwingend einher.

Ein Beispiel: Man stelle sich ein KI-Tool vor, welches zur Rekrutierung von Mitarbeitern eingesetzt wird. Die KI wird mit Lebensläufen und Bewerbungsgesprächen trainiert, um Muster zu erkennen, die auf den Erfolg im Job hindeuten. Der verwendete Datensatz enthält jedoch überwiegend Lebensläufe von Männern. Die KI könnte zu dem Ergebnis kommen, dass Frauen weniger produktiv sind, obwohl dies nicht der Fall ist. Selbst wenn der Datensatz sorgfältig auf ethische Grundprinzipien überprüft wurde und das KI-Tool ebenfalls transparent arbeitet, wären Frauen in diesem Fall benachteiligt. Doch worin liegt nun der Fehler?

Problematisch hier ist die Interpretation der Output-Daten, wobei die Output-Daten grundsätzlich korrekt sind. Denn die Interpretation der Daten ist immer auch von den Wertvorstellungen der Menschen abhängig, die das Tool nutzen. Die ethische Korrektheit der Output-Daten von KI-Systemen ist daher nicht nur von der Qualität der Input-Daten abhängig, sondern auch von der ethischen Anwendung und Interpretation dieser Daten durch Menschen.

Genau das ist auch der Moment, in dem die erwähnten rechtlichen Bestimmungen nicht mehr helfen. Soziales Fingerspitzengefühl und menschliches Einfühlungsvermögen sind nötig, um jene fatalen Fehler zu vermeiden. Schon längst sollte klar sein, dass nur die richtigen Daten auch zu richtigen Ergebnissen führen können. Nun kommt jedoch hinzu, dass selbst die richtigen Ergebnisse nicht immer ethisch aufgefasst werden, falsch interpretiert werden oder nicht im sozialen Kontext eingebettet werden. In der Kette, bestehend aus Input, Informationsverarbeitung und Output, kann jederzeit einiges schiefgehen. Problematisch ist jedoch die Kausalität zwischen jenen Phasen. Ein einziger Fehler in einem dieser Bereiche kann der Grund für ein ethisch zu hinterfragendes Ergebnis sein. Nur durch die bedingungslose Zusammenarbeit zwischen Nutzern, Medien und KI-Entwicklern kann eine bessere Zukunft mit KI garantiert werden.

6:30 Uhr, der Wecker klingelt am Smartphone. Was soll ich anziehen? Ich schaue auf die Wetter-App. Es soll warm werden, daher lasse ich den Pullover zu Hause. Jeden Morgen bekomme ich personalisierte Nachrichtenempfehlungen auf mein Tablet, während ich beim Fruchtstück sitze. Auf dem Weg in die Arbeit werfe ich einen Blick auf die App, welche den Zugfahrplan enthält. Aufgrund einer Verspätung nehme ich doch den späteren Zug, das Navigationssystem leitet mich heute jedoch durch einen anderen Bezirk. Auf der Arbeit angekommen lese ich die E-Mails und erspare mir einiges an Zeit, da der Spam-Ordner unwichtige E-Mails bereits aussortiert hat. In der Mittagspause bekomme ich Hunger und möchte mir italienisches Essen ins Büro liefern lassen. Die Bestell-App listet alle italienischen Restaurants auf, die sich in der Nähe befinden. Zurück im Büro erstelle ich mithilfe eines Chatbots ein Kommunikationskonzept, welches ich durch die automatische Rechtschreibprüfung durchlaufen lasse. Ich sehe auf mein Handy, um zu kontrollieren, ob der Zug pünktlich abfährt. Zu Hause angekommen sage ich meinem Sprachassistenten, er möge das Licht aufdrehen und die Alarmanlage aktivieren. Nach einem Abendessen lege ich mich ins Bett und scrolle vorher noch durch die Netflix-Empfehlungen. Dann gehe ich schlafen. Wie oft machte ich an jenem Tag Gebrauch einer KI? Die Antwort: 12-mal.

„Künstliche Intelligenz" ist schon längst ein bedeutender Teil unserer Welt. Doch welche Handlungen erforderten in jenem Beispiel nun wirklich den Einsatz von KI? Der Handywecker, die Wetter-App, die personalisierten Nachrichtenempfehlungen, die Zugfahrplan-App, das Navigationssystem, der Spam-Ordner, die Bestell-App, der Chatbot für das Kommunikationskonzept, die Rechtschreibprüfung, erneut die Zugfahrplan-App, der Sprachassistent und die Netflix-Empfehlung. All das funktioniert nur mit „Künstlicher Intelligenz", die Liste könnte man ewig weiterführen.

Als umso gefährlicher muss man die Technologie einstufen, da durch jene unbewusste Verwendung ein gezielt ethisches Verhalten nur schwer möglich ist. Doch wo setzt man an, um die breite Gesellschaft vor unethischer und gefährlicher KI zu warnen?

Sensibilisierung für ethische Herausforderungen

„Künstliche Intelligenz" bringt einige ethische Herausforderungen mit sich. Um sicherzustellen, dass der technologische Fortschritt zum Wohle der Gesellschaft eingesetzt wird, ist es wichtig, ein breites Bewusstsein für sämtliche Herausforderungen zu schaffen. Zu Beginn muss daher eine genaue Zielgruppe definiert werden.

Grundsätzlich sollten alle Personen, die in Kontakt mit „Künstlicher Intelligenz" kommen, über das Thema „ethische KI" aufgeklärt werden. Da „Künstliche Intelligenz" oft jedoch gar nicht erkannt wird, ist die Sensibilisierung von noch größerer Bedeutung. Für fast jeden würde dies damit bedeuten: Die gesamte Bevölkerung muss ausnahmslos über mögliche ethische Komplikationen aufgeklärt und im Umgang bestimmter KI-Tools geschult werden. Einige Veränderungen sind daher nötig, um dieses Ziel auch nur ansatzweise erreichen zu können.

Die wahrscheinlich wichtigsten Maßnahmen betreffen die Bildung. Allen Alterskohorten kann so Schritt für Schritt der richtige Umgang mit „Künstlicher Intelligenz" erlernt werden. Dabei sollte jedoch immer im Vordergrund stehen, wozu KI nicht in der Lage ist und nicht wozu KI in der Lage ist. Ersteres ist von größerer Bedeutung. Um dies genauer zu verdeutlichen, kann ein Vergleich aus der Formel 1 herangezogen werden:

Man stelle sich einen Fahrer vor, der Runde für Runde schneller wird, da er nicht weiß, wozu sein Auto in der Lage ist. Ein anderer Fahrer weiß genau, wozu sein Auto nicht in der Lage ist. Er kennt den kritischen Punkt, an dem die Reifen nicht mehr in den Kurven haften. Er kann Runde für Runde das Maximum herausholen und ist am Ende des Tages der Gewinner.

Beim Umgang mit „Künstlicher Intelligenz" ist es ähnlich. Um gezielt Fehler zu vermeiden, trotzdem jedoch den maximalen Nutzen daraus zu ziehen, muss der KI-Nutzer genau wissen, was eben nicht möglich ist. Dies schafft eine Basis für einen verantwortungsvollen und sinnvollen Umgang mit KI.

Dieses Bewusstsein sollte bereits möglichst früh erschaffen werden. Das Bildungssystem bietet einen angemessenen Rahmen für die Bewusstseinsbildung ethischer KI. Der Rahmen ist durch einige Bildungssysteme zwar existent, ausgenutzt wird er jedoch nur selten.

Aus einer langfristigen Perspektive ist jener Ansatz, KI im Bildungsprozess zu implementieren, wohl der beste. Die Bewusstseinsbildung würde damit jedoch für einige Jahre nur einen kleinen Teil der Bevölkerung betreffen. Schließlich ist ein großer Teil der Bevölkerung weder Schüler noch Student. Wie kann man Angestellte, Arbeiter und Pensionisten erreichen? Dabei spielen die Medien eine zentrale Rolle. Doch wie groß ist die Rolle der Medien wirklich? Haben die Medien bei der

Persuasion tatsächlich so viel Macht, wie immer behauptet wird? Es folgt ein Exkurs in die Kommunikationswissenschaft.

Zahlreiche Wissenschaftler waren sich lange nicht über die tatsächlichen Medieneffekte einig. Die Debatte begann nach dem 1. Weltkrieg, in dem von immer stärker werdenden Medieneffekten ausgegangen wurde. Nach dem Aufkommen des Radios und der Propaganda der Nationalsozialisten ging man von noch stärkeren Medieneffekten aus. Nach dem 2. Weltkrieg änderte sich dies jedoch schlagartig. Der Uses-and-Gratifications-Ansatz war geboren und man ging von einer niedrigen Wirkung der Medien auf die Menschen aus. Begründet wurde dies mit der These, dass sich Menschen nur mit Inhalten beschäftigen, von denen sie auch überzeugt sind. 1970 wurde die These jedoch widerlegt und der Agenda-Setting-Ansatz war geboren. Die Medien setzen einige Themen auf die Agenda, über die dann die Bevölkerung diskutiert. Daher ging man wieder von einer etwas höheren Medienwirkung aus. Immer wieder entwickelten Wissenschaftler neue Theorien, bis man schließlich zu folgendem Schluss kam: Unter bestimmten Umständen, können bestimmte Inhalte, für bestimmte Menschen, bisweilen starke Effekte hervorbringen, die im Regelfall jedoch nicht so stark sind.

Die Rolle der Medien darf bei der Sensibilisierung im Umgang mit ethischer KI daher nicht außer Acht gelassen werden. Als Wundermittel dürfen sie jedoch auch nicht bezeichnet werden. Trotzdem sollten Medien ihre begrenzten Möglichkeiten ausnutzen und für eine neutrale, informative Berichterstattung sorgen und investigativ auf mögliche Missstände aufmerksam machen.

Herausforderungen und Erfolgsfaktoren

Ist ein Bewusstsein für die Wichtigkeit ethischer KI-Systeme und Richtlinien geschaffen, muss zunächst der Begriff und die genaue Funktionsweise der Technologie „Künstliche Intelligenz" der breiten Masse möglichst verständlich erklärt werden. Nur wenn man versteht, dass KI eigentlich recht wenig mit „Intelligenz" zu tun hat, ist man in der Lage sich genauer mit der Thematik zu beschäftigen. Irreführend sind dabei allgemeingültige Definitionen des Begriffs KI. Eine der am weitesten verbreiteten KI-Definitionen formulierte Prof. Dr. Richard Lackes: „Künstliche Intelligenz ist die Erforschung intelligenten Problemlösungsverhaltens sowie die Erstellung intelligenter Computersysteme. Künstliche Intelligenz (KI) beschäftigt sich mit Methoden, die es einem Computer ermöglichen, solche Aufgaben zu lösen, die, wenn sie vom Menschen gelöst werden, Intelligenz erfordern."

Betrachtet man KI jedoch als Algorithmus, der die zur Verfügung gestellten Daten einfach weiterverarbeitet, so sollte man nicht von „Intelligenz" sprechen. Dies betont auch Prof. Dr. Simon Hippenmeyer, der als Neurologe am Institute of Science and Technology im österreichischen Klosterneuburg tätig ist und als Professor an zahlreichen Universitäten unterrichtet.

Man kann sich einig darüber sein, dass man sich in Bezug auf die Definition des Begriffs „Künstliche Intelligenz" nicht einig ist. So viel steht fest. Ein Neurologe, ein Ethiker, ein Kommunikationswissenschaftler, ein Technik-Spezialist und ein Jurist werden unabhängig voneinander den KI-Begriff anders auffassen. Die Herausforderung der breiten Masse, die sich mit KI weniger auskennt, eine passende und immer zutreffende Definition bereitzustellen, ist demnach nicht nur schwer, sondern nahezu unmöglich. Das abgebildete Modell verdeutlicht dies genauer und bindet folgende Disziplinen mit ein: Psychologie,

Logik, Informatik, Cognitive Science, Pädagogik, Linguistik und Physiologie.

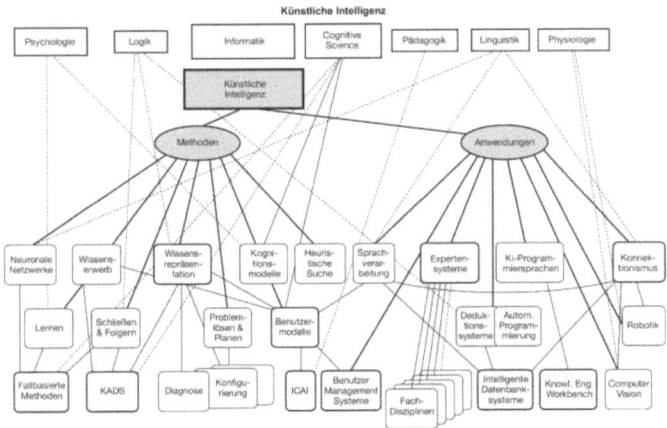

Abbildung 3 Vielfalt "Künstlicher Intelligenz"

Die Vielfalt und Interdisziplinarität „Künstlicher Intelligenz" versucht die Grafik zu verdeutlichen. Um KI grundsätzlich zu verstehen, ist jene Grafik jedoch überflüssig. Es sollte nur klar sein, dass KI ein komplexes und schnelllebiges Feld mit einer Vielzahl von technischen, gesellschaftlichen und ethischen Rahmenbedingungen ist.

Neben dem Bildungsaspekt sind auch weitere Aspekte der Bewusstseinsbildung entscheidend. Uneinheitliche ethische Standards können verwirren. Dieses Problem ist jedoch nicht einfach zu lösen, da jeder Benutzer ein unterschiedliches Verständnis von Ethik hat. Ein Versuch jenes Problem zu lösen, wurde in Kapitel 4 „Operationalisierungsmöglichkeiten ethischer Daten und Prozesse" unternommen. Die Diskussion über ethische Standards ist ein wichtiger Prozess, der keineswegs unterschätzt werden darf, auch wenn er immer wieder stark polarisiert. Dies liegt an der Tatsache, dass Ethik-Diskussionen und die dazugehörigen Maßnahmen nie als grundlegend richtig oder falsch aufgefasst werden. Die große Meinungsvielfalt führt demnach zu besonders vielen Ansichten, die mal mehr, mal weniger auseinander gehen. Ein transparenter, demokratischer und vielfältiger Diskurs ist hierbei der Schlüssel zur Zukunft.

Methoden und Ansätze für Bewusstseinsbildung

Dass das Bildungssystem, Eltern, Unternehmer und KI-Entwickler einen wichtigen Beitrag zur Bewusstseinsbildung in Bezug auf ethischen Umgang mit KI-Systemen leisten, sollte nun klar sein. Aber mit welchen Methoden und Ansätzen können diese Gesellschaftsgruppen tatsächlich etwas erreichen?

Der erste Schritt der Bewusstseinsbildung sollte schon im Bildungsprozess beginnen, spätestens in der Oberstufe. Noch besser wäre die KI-Auseinandersetzung in Unterstufen. Wer nun glauben mag, dass durch fixe Lehrpläne die Einbindung von KI-Themen nicht möglich sei, der irrt sich. Grundsätzlich würde schon eine Aufklärungsstunde genügen, um dann das gelernte immer wieder im Jahr anwenden zu können, angepasst an den momentanen Lehrstoff. Die KI-Aufklärungsstunde zu Schulbeginn sollte lediglich einen groben Überblick über das Thema „Künstliche Intelligenz" bieten. Dabei muss, egal in welcher Schulstufe, die Bewusstseinsbildung für ethische KI eine Rolle spielen. Es wäre außerdem sinnvoll, Regeln für das Schuljahr festzulegen, die den Umgang mit KI regulieren. Diese Regeln sind wie immer nicht als Einschränkung zu verstehen, sondern viel eher als Möglichkeit, die innovative und faszinierende Technik „Künstliche Intelligenz" kennenlernen zu können. Dies sollte auch in der Einführungsstunde erklärt werden, damit Schüler die Möglichkeit, mit KI arbeiten zu dürfen, als Chance betrachten.

Eine mögliche Aufgabe im Fremdsprachenunterricht wäre das Verfassen eines Textes mit KI-Einsatz. Um jene Herangehensweise für Schüler interessanter zu machen, könnte ein experimentelles Design von Vorteil sein. Schüler müssten hierfür zu einem Thema und einer Angabe zwei Texte verfassen. Einer soll mit KI und einer ohne KI verfasst werden. Das Lehrpersonal kann dann die Texte korrigieren und Stärken und Schwächen beider Texte hervorheben. So könnten Schüler nicht nur lernen, was alles mit KI funktioniert, sondern auch, was eben nicht funktioniert. Bei der Beurteilung könnten beide Texte einfließen.

Solche kleinen „Experimente" sind auch im Zeichenunterricht anwendbar. Eine Möglichkeit wäre wieder die Erstellung von zwei Bildern anhand derselben Angabe. „Künstliche Intelligenz" sollte aber eher zur Ideenfindung eingesetzt werden. Ein Beispiel könnte die Zeichnung einer Stadt sein. In der ersten Stunde sollen Schüler eine Stadt zeichnen, ohne KI-Ideen. Danach dürfen sie KI verwenden, beispielsweise einen Chatbot, um auf gute Ideen zu kommen. Eine weitere Stadt kann nun gezeichnet werden. Das Lehrpersonal kann dann wieder entscheiden, welches der Bilder kreativer gestaltet ist und Tipps geben. Schüler können dadurch lernen, was KI alles nicht so gut kann, eine Kompetenz, die, wie bereits erwähnt, wichtiger ist, als zu wissen, was KI alles gut kann.

Auch die Verantwortung der Eltern darf keineswegs unterschätzt werden. Ein offener Dialog sollte dabei immer an vorderster Stelle stehen. Aber auch die praktische Anwendbarkeit darf nicht vernachlässigt werden. Sinnvoll wäre es, das Kind bei einer Reiseplanung miteinzubeziehen. Mithilfe von KI-

Tools soll das Kind die Reise planen. Die Fragen „Welche Restaurants sind empfehlenswert?", „Welches Hotel hat gute Bewertungen?", „Welche Sehenswürdigkeiten sind in der Nähe des Restaurants?" oder „Welches Budget muss ich einplanen?" könnten dabei beispielsweise eine wichtige Rolle spielen. Auf der Reise wird sicher nicht alles so funktionieren, wie geplant. Daraus ist zu lernen, dass auf KI nicht immer Verlass ist und ein Algorithmus eine seriöse Quelle niemals ersetzen kann.

Der richtige Umgang mit „Künstlicher Intelligenz" sollte auch im Erwachsenenalter gefördert werden. Durch die rasante technologische Entwicklung ändern sich technologische Bedingungen und die damit einhergehenden ethischen Maßnahmen immer wieder. Die Verantwortung liegt hierbei bei Arbeitgebern, Organisationen, Institutionen und Vereinen. Neue Mitarbeiter müssen beim Onboarding-Prozess auf unternehmensinterne KI-Tools aufmerksam gemacht werden und im Umgang damit geschult werden. Aber auch alle anderen Mitarbeiter dürfen ihre Verantwortung nicht ablegen.

Erwachsenenbildungs-Institute, Forschungseinrichtungen oder Universitäten beschäftigen sich seit geraumer Zeit noch intensiver und interdisziplinär mit dem Phänomen „Künstliche Intelligenz". Durch die mediale Aufmerksamkeit, Auslöser war der Chatbot Chat GPT, ist das Interesse an neuen wissenschaftlichen Erkenntnissen und Fachvorträgen deutlich gestiegen. Auch bei den Budgets solcher Vorträge hat sich einiges getan, im positiven Sinn. Jene Vorträge konzentrieren sich meist nicht nur auf die Frage „Kann KI zu ethischen Implikationen führen?", sondern ebenfalls auf die viel wichtigere und weitgehendere Frage „Was kann ich persönlich tun, um ethische Implikationen im Bereich KI zu vermeiden?".

Auf die Verantwortung der KI-Entwickler wurde bereits genauer eingegangen. Bei der Sensibilisierung und Aufklärung über den ethisch korrekten Umgang mit KI müssen Entwickler genau dieser Verantwortung nachkommen. Auch wenn es für einen Unternehmer, der das Produkt „Künstliche Intelligenz" an den Markt bringen möchte, nicht unbedingt leicht ist, auf die Gefahren seines Produkts aufmerksam zu machen, muss jener Unternehmer über seinen Schatten springen und an das Wohl der Gesellschaft denken. Denn wer warnt schon gerne vor seinem eigenen Produkt? Als Beispiel kann der Milliardär und Tesla-Gründer Elon Musk herangezogen werden, der bei der KI-Entwicklung einen wichtigen Beitrag leistet und davon finanziell profitiert. Trotzdem warnt er immer wieder vor den Gefahren einer möglichen „Superintelligenz", eine hypothetische KI, die menschliche Intelligenz übersteigt und die Kontrolle über die Menschen übernehmen könnte. Prinzipien und Aussichten im Bereich „Superintelligenz" werden in einem späteren Kapitel behandelt. Die Liste der selbstkritischen KI-Entwickler könnte ewig weitergeführt werden. Mitbegründerin des Giganten OpenAI Ilya Sutskever warnte unlängst vor einer KI, die nicht mit menschlichen Werten übereinstimmt. Joy Buolamwini, Forscherin am MIT, warnte schon oft vor diskriminierender KI.

„Künstliche Intelligenz" ist schon lange ein fester Bestandteil unseres Alltags. Sie beeinflusst uns von der personalisierten Nachrichtenempfehlung am Morgen bis hin zum Navigationssystem auf dem Weg zur Arbeit. Aufgrund der wachsenden Bedeutung muss sichergestellt werden, dass KI zum Wohle der Menschen eingesetzt wird und ethische Prinzipien dabei stets gewahrt werden. Alles beginnt mit dem Bewusstsein, dass KI auch zu Problemen führen kann und einem großen Teil der Bevölkerung am Ende des Tages schadet. Auch wenn man nicht zu jedem KI-Nutzer und KI-Entwickler durchdringen kann, ist es weiterhin wichtig, als laute Mehrheit auf die Gefahren, die mit „Künstlicher Intelligenz" einhergehen, hinzuweisen und aufzufordern, mit offenen Augen und kritischem Blick durchs Leben zu gehen.

Man stelle sich einen Mann vor, der auf einem schma-
len Drahtseil hoch über den Bäumen balanciert. Auf
der einen Hand hält er eine neue und innovative KI-
Technologie, die vielen Menschen das Leben vereinfachen
könnte, auf der anderen Hand hält er eine Box, welche die kulturelle Vielfalt aller Menschen beinhaltet. Um die KI-Technologie und ebenso die menschliche Wertevielfalt bewahren zu
können, muss er sicher auf einem Drahtseil balancieren. In jenem Beispiel steht das Drahtseil für die KI-Ethik. Um nicht ab-
zustürzen, muss auf der einen Seite die Balance zwischen KI-
Technologie auf der einen Hand und die kulturelle Vielfalt auf
der anderen Hand gewährleistet sein, auf der anderen Seite
muss das tragende Seil, die KI-Ethik, ständig vorhanden sein,
um sicher am Ziel anzukommen. Denn ohne KI-Ethik nützt die
Balance zwischen Technologie und Vielfalt niemanden etwas.

Da die Messbarkeit ethischer Standards bereits in Kapitel 4 genauer thematisiert wurde, wird nun ein Augenmerk auf die
kulturellen Differenzen der Ethik, also die Ergebnisse nach den
Messungen, gelegt. Besonders ein Dilemma soll dabei hervorgehoben werden und anschließend eine Lösung präsentiert
werden.

Das Dilemma partizipativer Systeme

„Künstliche Intelligenz" wird nur durch uns Menschen ermöglicht. Ohne Mensch, keine Information, kein Trainingsprozess

und kein KI-Output. Der Begriff „Menschen" umfasst Milliarden von Individuen mit unterschiedlichen Ansichten, Religionen, Vorbildern und Standards. Berücksichtigt werden muss auch die unterschiedliche Zugänglichkeit zum Internet oder KI-Systemen. Ist eine ausgewogene Repräsentation sämtlicher Ansichten, Religionen, Vorbilder und Standards daher überhaupt möglich?

„Künstliche Intelligenz" kann als partizipatives System dargestellt werden. Doch was sind überhaupt partizipative Systeme? Jener Begriff kann auch mit Beteiligungssystemen oder kollaborativen Systemen verglichen werden. Es handelt sich hierbei um informationstechnische Systeme, die auf die aktive Beteiligung von mehreren Nutzern ausgelegt sind. Sie ermöglichen es, Informationen auszutauschen und bei der Erstellung von Inhalten selbst mitzuwirken. Beispiele für partizipative Systeme sind die Sozialen Medien, die Online-Enzyklopädie Wikipedia oder Bürgerbeteiligungsplattformen.

Durch die Vielfalt an Informationen, welche „Künstliche Intelligenz" zur Verfügung gestellt wird, kann KI auch als partizipatives System angesehen werden und daher einen wichtigen Beitrag zum Erhalt kultureller Vielfalt leisten. Im Hinblick auf die KI-Ethik ist jene Partizipation ein wichtiger Grundsatz, der dazu beitragen kann, dass KI-Systeme fairer und gerechter trainiert werden. Die Input-Dimension kann ausgeglichener und ethisch korrekter trainiert werden und damit den Grundbaustein für einen ethischen Output sichern. Auch wenn das Prinzip des partizipativen Systems durchaus schlüssig und sinnvoll erscheinen mag, gibt es ein Dilemma.

Das Problem liegt hierbei wie so oft nicht bei der „Künstlichen Intelligenz" selbst, sondern bei den beteiligten Akteuren, welche durch gezielte Handlungen KI als partizipatives System ausnutzen. Im Normalfall kann von einer Kollaboration zwischen „Mensch und Maschine" ausgegangen werden. Potenzielle Vorteile der Technologie „Künstliche Intelligenz" werden transparent und gezielt genutzt. Trotzdem kann es theoretisch zu einer ungleichen Machtverteilung innerhalb des partizipativen Systems kommen. Kann man dann überhaupt noch von einem partizipativen System sprechen, oder sollte man jenem System diesen Status aberkennen? Eine ungleiche Machtverteilung ist nicht nur möglich, sondern eher ein fester Bestandteil eines jeden Systems. Diese recht abstrakte Hypothese kann relativ einfach verifiziert werden. Schließlich ist es nur logisch, dass KI-Entwickler durch ihr technologisches Wissen und den Möglichkeiten, welche „Künstliche Intelligenz" bietet, den Prozess der Datenverarbeitung, und damit eine gesamte Stufe des Input-Informationsverarbeitung-Output-Modells, regelrecht beherrschen. Die gesamte Aufmerksamkeit auf die KI-Entwickler zu lenken, wäre jedoch auch nicht richtig. Schließlich sind sie relativ gesehen der kleinste Teil des partizipativen Systems „Künstliche Intelligenz". Zwar ist ihre Handlungsmacht im Vergleich zu den meisten Internet- und KI-Nutzern groß, trotzdem darf die Macht des Internets und der KI-Nutzer nicht unterschätzt werden. Des Weiteren muss stets die strengere Kontrolle durch Medien, Unternehmen und Ethik-Räten erwähnt werden, welche eben KI-Entwickler beeinflussen, den Nutzer jedoch wenig bis kaum.

Nutzer und KI-Entwickler können partizipative Systeme ausnutzen. Solche Handlungen gehen mit einer klaren Intuition einher. Dieser Prozess kann jedoch auch unbeabsichtigt ins Rollen kommen, ein Prozess, der wohl noch gefährlicher ist. Kulturelle Unterschiede können dafür der Auslöser sein. Damit partizipative Systeme reibungslos funktionieren, darf kein beteiligter Akteur benachteiligt sein. Durch unterschiedliche Normen in unterschiedlichen Kulturen, die unterschiedliche technologische Möglichkeiten haben, ist diese Form der vollkommenen Gerechtigkeit nur schwer möglich. Kulturelle Differenzen können daher zu Fremd- und auch Selbstregulierung führen. Es stellt sich nun die Frage, welche kulturellen Differenzen partizipativen Systemen ein Dorn im Auge sind und wie trotz jener Differenzen KI kulturübergreifend und gleichberechtigt funktionieren kann.

Kulturelle Differenzen der Ethik

Unterschiedliche Kulturen, unterschiedliche ethische Standards. Diese Behauptung entspricht nur der halben Wahrheit, da sie noch viel weiter gehen müsste. Dass sich ethische Standards von Kultur zu Kultur unterscheiden, ist eine Feststellung, die bloß die Makroebene betrifft. Auf der Mikroebene muss unbedingt berücksichtigt werden, dass nicht nur unterschiedliche Kulturen, sondern jeder einzelne Mensch eine unterschiedliche Auffassung vom Ethik-Begriff hat. Kann KI als partizipatives System damit überhaupt für alle gerecht sein? Ist eine aus kultureller Perspektive, ethisch korrekte KI möglich, obwohl rund ein Drittel der Bevölkerung aufgrund von einem fehlenden Zugang zum Internet nicht Teil des partizipativen Systems sein kann und jene Kulturen nicht berücksichtigt werden?

„Die meisten Länder ohne flächendeckenden Internet-Zugang haben größere Probleme, als keine KI verwenden zu können." Jener Satz ist nicht nur unethisch, sondern auch unrechtmäßig. Immer wieder wird argumentiert, dass Entwicklungsländer, welche mit Hungersnöten und anderen schwerwiegenden Problemen zu kämpfen haben, zunächst diese Probleme in den Griff bekommen sollen, da sie „wichtiger" sind. Klar ist: Am Hungertod zu sterben ist dramatischer, als keine KI verwenden zu können. Und trotzdem ist die erwähnte Aussage ethisch nicht vertretbar. Ein humanitäres Problem, in jenem Beispiel der Mangel an lebensnotwendigen Ressourcen, darf niemals einen anderen Missstand, im Beispiel die fehlende KI-Technologie, rechtfertigen. Beide Probleme sind unabhängig voneinander zu betrachten und zu lösen.

Es ist unakzeptabel, dass der Zugang zu sauberem Wasser von der Implementierung einer bestimmten KI-Technologie abhängig gemacht wird.

Gleiche Bedingungen weltweit sind die Voraussetzung für ethisch einwandfreie KI. Eine tatsächliche Gerechtigkeit ist daher so gut wie unmöglich. Dies bedeutet jedoch nicht, dass sämtliche ethische Maßnahmen verworfen werden sollten. Ganz im Gegenteil muss so gut wie möglich nachgeschärft werden.

Kulturelle Differenzen müssen von KI-Systemen berücksichtigt werden. Ein Beispiel für solch eine Differenz wäre das übliche Verhalten bei Geschäftspraktiken. Während in manchen Kulturen persönliche Beziehungen und Vertrauen im Vordergrund stehen, legen andere Kulturen mehr Wert auf Verträge und formale Regeln. Beide Ansätze sind in der globalen Geschäftswelt präsent. Daher muss auch eine ausgeglichene Repräsentation in KI-Systemen vorherrschen. Noch wichtiger ist der zu gebende Hinweis, der auch auf andere Kulturen und Gepflogenheiten aufmerksam macht. Der KI-Output muss den Input-Geber auf mögliche andere Gepflogenheiten und Kulturen hinweisen.

All jene Ansätze sind theoretisch plausibel und sinnvoll. Problematisch ist jedoch die Umsetzung dieser Maßnahmen. Als besonders schwierig gestaltet sich die Erstellung neuer Gesetze, Verordnungen und Richtlinien, welche möglichst viele Akteure betreffen. Nur dann kann die Wirkung dieser Maßnahmen tatsächlich einiges verändern. Im Bereich der KI-Ethik sollte jedoch mit noch größerer Motivation an einer Lösung gearbeitet werden, um eine sichere und möglichst gerechte Zukunft mit KI und keinesfalls gegen KI gewährleisten zu können. Der Weg ist ein langer und baut auf Beziehungs- und Vertrauenspflege auf.

Interdisziplinäre Zusammenarbeit für wertebasierte KI-Entwicklung am Beispiel UNESCO

Die zwingend nötige länderübergreifende und interdisziplinäre Zusammenarbeit bei der Formulierung eindeutiger Maßnahmen im Bereich Ethik, welche sanktioniert werden müssen, ist der Grundbaustein für eine gelungene Regelung über „Künstliche Intelligenz" zur Sicherung ethischer Grundprinzipien. Die UN-Organisation UNESCO verabschiedete im Jahr 2021 eine Empfehlung, wie ein ethisch korrekter KI-Umgang gewährleistet werden kann.

Das Empfehlungsschreiben ist in unterschiedliche Teilbereiche gegliedert und deckt einige gesellschaftliche Bereiche ab. Neben potenziellen Anwendungsgebieten und den Zielen der Empfehlung, werden Werte und Prinzipien im dritten Teil der UNESCO-Empfehlung formuliert. Dabei wird auch auf allgemeine Menschenrechte zurückgegriffen. Das theoretische Manuskript hebt zunächst die Unantastbarkeit der Würde des Menschen hervor. Sollten jene Rechte nicht eingehalten werden, so sind die formulierten UNESCO-Werte überflüssig, so UNESCO. In einem weiteren Absatz wird die Gleichheit aller Menschen betont. Ein KI-System darf niemals Einzelpersonen oder Personengruppen aufgrund von Eigenschaften unterordnen. Um eine Welt mit KI sinnvoll gestalten zu können, muss auch die Vielfalt erhalten bleiben. Jeder Mensch soll sich selbst ausdrücken dürfen. Dazu zählen persönliche Erfahrungen, Ausdrucksformen, Meinungen, Lebensweisen oder Überzeugungen. Damit hebt UNESCO die Objektivität eines Algorithmus hervor. Die Wahrung kultureller Unterschiede ist von diesen Empfehlungen nicht ausgenommen.

Es stellt sich nun die Frage, wie die Objektivität eines Algorithmus, der von nicht neutralen Menschen programmiert wurde, überhaupt gewährleistet werden kann. Die Ableitung des wissenschaftlichen Kognitivismus, bestehend aus den Phasen Input, Informationsverarbeitung und Output, die bereits näher erklärt wurden, beweist, dass völlige Objektivität surreal ist. Auch die Wissenschaft ist sich einig, sei es die Kommunikationswissenschaft, die Politikwissenschaft oder die Publizistikwissenschaft, dass der Begriff „Objektivität" in einer realen Welt reine Utopie ist. Als Beispiel kann der österreichische Fernsehjournalist Stefan Lenglinger angeführt werden, der komplette Objektivität für ausgeschlossen hält.

Die formulierten, allgemeingültigen Empfehlungen der UNESCO sind mit Sicherheit auf theoretischer Ebene zu verifizieren. Die praktische Umsetzbarkeit, jenes Kriterium, welches mit besonders hoher Relevanz beobachtet werden muss, ist jedoch weniger zufriedenstellend. Ohne klare Regeln, auch keine klaren Strafen. Ohne klaren Strafen, auch keine klare Regulierung.

Für eine interdisziplinäre Zusammenarbeit, um die kulturelle Vielfalt gewährleisten zu können, plädiert ebenso die UNESCO-Empfehlung, die im Übrigen mit keiner Umsetzungspflicht einhergeht. In unterschiedlichen Absätzen wird auf die Wahrung kultureller Identität aufmerksam gemacht. Beispielsweise wird unter dem Punkt „Fairness und Nichtdiskriminierung" kulturelle Vielfalt erwähnt. Weiter wird dieser Punkt nicht ausgeführt. Ein weiterer Absatz weist darauf hin, dass der

Zugang zu KI-Technologien, welche beispielsweise von kultureller Relevanz sind, zu sozioökonomischer und politischer Stabilität beitragen kann. Diese Liste könnte ausführlich weitergeführt werden, da der Begriff „kulturell" in Verbindung mit „Vielfalt" 24-mal in der UNESCO-Empfehlung zu finden ist. In keinem einzigen Absatz wird jedoch definiert, was unter kultureller Vielfalt verstanden wird oder wie diese Vielfalt gewährleistet werden kann. Die Theorie hinter der Empfehlung ist schlüssig und sinnvoll. Die Umsetzung ist nahezu unmöglich. Doch welche Ideen der UNESCO könnten tatsächlich durchgesetzt werden, angenommen eine interdisziplinäre und länderübergreifende Zusammenarbeit funktioniert?

Geld regiert die Welt. Unter dieser weit verbreiteten These kann die Diskrepanz zwischen Realismus und Utopie aufgelöst werden. Um eine zielgerichtete Umsetzung der UNESCO-Empfehlung durchzubringen, müssen ökonomische Aspekte bedacht werden. Maßnahmen sind meist mit Kosten verbunden, die nicht von allen finanziert werden können. Deshalb müssen Maßnahmen möglichst günstig und leicht umsetzbar sein. Die UNESCO fordert eine gezielte Förderung von Forschung und Bildung. Gelder kann die Organisation jedoch nicht vergeben. Dazu sind nur Staaten oder Bündnisse von Staaten, wie die EU, in der Lage. Dabei kommt wieder die interdisziplinäre Zusammenarbeit zwischen der UNESCO, anderen Organisationen, Unternehmen, Staaten und Bündnissen ins Spiel. Sind die Ziele und Maßnahmen der UNESCO so realistisch und kostengünstig, dass Staaten die Ziele erreichen wollen, kann das Unmögliche gelingen. Eine Art Gruppenzwang kann entstehen und zumindest wohlhabendere Länder zum Mitmachen motiviert werden. Auch wenn die UNESCO über keine Gelder direkt entscheiden kann, werden immer wieder Preise oder Auszeichnungen vergeben, die bis zu einem gewissen Rahmen auch finanzielle Förderungsmittel beinhalten. Dies wäre ein attraktiver Anreiz, bei einer internationalen Zusammenarbeit mitzumachen.

Die UNESCO hat weltweit durch ihre schriftlich ausformulierten Ideen zur KI-Ethik auf sich aufmerksam gemacht. Doch was ist eigentlich mit anderen Organisationen, die ebenso in einigen wichtigen Ländern aktiv sind? Die Organisation für wirtschaftliche Zusammenarbeit und Entwicklung OECD hat ebenso einen Leitfaden über KI-Ethik veröffentlicht, der ökonomische Aspekte besonders hervorhebt und damit potenziell attraktiver für die Privatwirtschaft ist. KI-Systeme fördern, die ethische Standards einhalten, möchte auch die Global Parntership on Artificial Intelligence GPAI. 16 Regierungen sind dabei aktiv beteiligt. Auch sie haben Prinzipien formuliert.

Es sticht heraus, dass das Interesse an einer interdisziplinären Zusammenarbeit in Hinblick auf KI-Ethik auf jeden Fall gegeben ist. Unterschiedliche Organisationen befassen sich intensiv mit der Ausarbeitung von Leitfäden. Dieses Engagement ist der erste wichtige Schritt, wenn eine Zukunft mit KI und nicht gegen KI geschaffen werden soll. Es mangelt jedoch an der Zusammenarbeit untereinander. Viele gute Ideen kommen in unterschiedlichen Leitfäden, die meist nicht bindend sind, auf. Es muss das Ziel sein, das Beste aus jedem Leitfaden zu kombinieren und für alle Staaten bindend zu machen. Dies ist der nächste wichtige Schritt. Die Diskrepanz zwischen unterschiedlichen ethischen Standards, die durch unterschiedliche Kulturen entsteht, kann so aufgelöst werden. Wichtig ist die ausgewogene Repräsentation aller Kulturen. So kann die kulturelle Vielfalt trotz algorithmischer Wahrscheinlichkeitsrechner gewahrt werden. Aus theoretischen Ideen müssen empirische Experimente und Fallstudien folgen, damit die Ideen irgendwann auch tatsächlich umgesetzt werden. Die Herstellung von Zusammenhängen jener drei Aspekte ist der nächste

Schritt, wenn grundlegende ethische Überlegungen, angepasst an alle Kulturen, formuliert werden sollen.

KAPITEL 12: ETHISCHE KI-REGE-LUNGEN UMSETZEN

U nterschiedliche Disziplinen befassen sich schon seit geraumer Zeit mit der Faszination „Künstliche Intelligenz". Die interdisziplinäre Auseinandersetzung mit jener Thematik ermöglicht einen Blick auf unterschiedliche Ansichten und Ideen. Im folgenden Kapitel wird systematisch die mögliche Umsetzung von Ideen diskutiert. Jede gesellschaftliche Entwicklung beginnt mit einer Idee, mit einer Theorie. Sind sämtliche Bedenken geklärt und durch anstrengende Denkarbeit ein Grundbaustein für die Entwicklung gesetzt, kann man mit Experimenten oder empirischen Studien Erfahrungswerte sammeln. Nach der Anpassung der Theorie können auf Basis der empirischen Ergebnisse die vorher formulierten Ideen tatsächlich umgesetzt werden. Das Zusammenspiel zwischen Theorie, Empirie und Praxis ist essenziell, um langfristig KI-Regelungen umzusetzen, welche den ethisch korrekten Umgang mit KI-Technologien gewährleisten sollen. Selbst wenn die Theorie am Ende nicht umsetzbar ist und falsifiziert werden muss, können die gewonnenen Erkenntnisse genutzt werden, um neue Theorien aufzustellen und Ideen zu entwickeln.

In der Theorie

Theoretische Überlegungen, festgehalten in Form von Leitfäden, Richtlinien, Empfehlungen oder Diskussionsergebnissen, wie in Kapitel 11 bereits vorgestellt, gibt es viele. Durch die Omnipräsenz der KI-Thematik seit dem Durchbruch der KI „Chat GPT" vergeht kaum ein Tag ohne neuen KI-Leitfaden, der ethische Implikationen verhindern soll. Der Wille, sinnvolle KI-Einschränkungen zu formulieren, ist vorhanden und schließlich der erste wichtige Schritt in die richtige Richtung. Trotzdem sind jene theoretischen Überlegungen meist vage formuliert, zweideutig oder grundsätzlich nicht umsetzbar. Der weit verbreiteten Aussage "KI muss zum Wohle der Menschheit eingesetzt werden und Menschenrechte müssen beachtet werden." ist inhaltlich auf jeden Fall zuzustimmen. Die tatsächliche Herangehensweise ist meistens ein Rätsel und wird wenig thematisiert. Man sollte sich viel eher die Frage stellen, wie die Würde der Menschen tatsächlich gewahrt werden kann.

Trotz dieser zahlreichen Probleme sind theoretische Ansätze von besonderer Relevanz. Denn sie gelten als Richtwert für unterschiedliche Maßnahmen, die wirklich umgesetzt werden können. Theoretische Ideen sollten so präzise wie möglich formuliert werden. Auch auf die praktische Anwendbarkeit sollte im Vorhinein geachtet werden. Der oft kritisierte AI Act kann als Beispiel aufgeführt werden. Auch wenn einige Passagen der Verordnung nur schwer anwendbar sind, gilt dies für den Großteil nicht. Die Einteilung in Stufen kann tatsächlich schnell geschehen, da einige unterschiedliche KI-Systeme ähnlich funktionieren. Wird beispielsweise der Chatbot „Chat GPT" als risikoarm eingestuft, könnte automatisch der Chatbot „Gemini", der vom gleichen Unternehmen programmiert wurde, ebenso als risikoarm eingestuft werden. So kann systematisch eine regelrechte Verflechtung von Referenzen und Kriterien erschaffen werden. Nach der Formulierung jener Kriterien können empirische Tests durchgeführt werden, die dann ebenso im Alltag Verwendung finden.

Doch wie könnten diese theoretischen Ansätze konkret aussehen? Überlegungen zur KI-Ethik gibt es genug. Manche Ideen sind unbrauchbar und unrealistisch, andere durchaus sinnvoll.

Bereits erwähnt wurde der AI Act der Europäischen Union. KI-Regulierungen können jedoch viel weiter gehen. Das theoretische Grundgerüst für den AI Act entstand nämlich nicht direkt durch die Kommission, welche den Verordnungstext formulierte. Eine extra beauftragte Expertengruppe, die unter dem Namen High-Level Group on Artificial Intelligence (AI HLEG) bekannt ist, wurde von der Europäischen Kommission eingesetzt. Das besondere jener Expertengruppe ist die Unabhängigkeit.

Teil der AI HLEG sind Vertreter der Zivilgesellschaft und Unternehmer aus unterschiedlichen Bereichen, wie Industrie oder Wissenschaft. Einige Empfehlungen der AI HLEG wurden tatsächlich im AI Act verwirklicht. Die verwirklichten Ideen können in die drei Kategorien „Ethische Prinzipien", „Politische Maßnahmen" und „Konkrete Anwendungsfälle" unterteilt werden.

Als ethisches Prinzip gilt die vollkommene menschliche Kontrolle über KI-Systeme. Laut AI HLEG-Empfehlung muss diese Kontrolle jederzeit gewährleistet werden, damit überhaupt von einer ethischen KI die Rede sein kann. Neben dieser Grundvoraussetzung werden einige meist selbstverständliche Prinzipien aufgezählt. Demnach müssen KI-Systeme „fair" agieren. Auch die Datensicherheit und Privatsphäre der Nutzer muss gewährleistet werden, damit von ethischer KI die Rede sein kann. All diese theoretischen Überlegungen betreffen ethische Aspekte.

Politische Vorschläge werden im Gegensatz zu möglichen ethischen Maßnahmen von der AI HLEG präziser ausformuliert. Die Idee mit der Pyramide, welche KI-Systeme weltweit in unterschiedliche Risikostufen einteilen soll, stammt von der AI HLEG. Auch, wenn die AI HLEG nicht weisungsgebunden ist und keine Förderungsgesetze beschließen kann, besteht die

Möglichkeit, der Kommission Vorschläge zu machen. Eine weitere grundlegende Idee der AI HLEG betrifft das Bildungssystem. Vorgeschlagen wurde eine Sensibilisierung der KI-Thematik, wobei ein besonderes Augenmerk auf KI-Ethik gerichtet werden soll.

Damit jene theoretischen Vorschläge nicht falsch interpretiert werden, schlug die AI HLEG auch passende Anwendungsbeispiele vor. Somit überspringt die AI HLEG den empirischen Teil und wendet sich der Praxis zu. Für empirische Tests, also Versuche, die Erfahrungswerte mit den vorgeschlagenen Regelungen und Ideen sammeln sollen, sind die Kommission und andere Organisationen zuständig.

In der Empirie

Einen Rahmen schaffen theoretische Überlegungen, weshalb auch in der Wissenschaft meist von einem „theoretischen Rahmen" die Rede ist. Aufbauend auf diesen Ideen können nun Experimente, Umfragen, Beobachtungen und anschließende Datenanalysen folgen. Wichtig dabei ist die systematische Vorgehensweise. Der Begriff „systematisch" wird im Folgenden genauer erklärt.

Um Erfahrungswerte überhaupt sammeln und als „brauchbar" abstempeln zu können, müssen sämtliche Experimente von einem „geordneten Vorgehen" gekennzeichnet sein. Als systematische Erfassung wird das geregelte und theoriebezogene Erfassen der sozialen Wirklichkeit bezeichnet. Die soziale Wirklichkeit lässt sich wiederum als Konstrukt menschlicher Interaktion erfassen. Diese komplexen Zusammenhänge sollen sicherstellen, dass mit gleichen Datensätzen auch gleiche Ergebnisse erzeugt werden. Daher ist es durchaus sinnvoll, beim Sammeln von Erfahrungswerten geordnet vorzugehen.

Als konkretes Beispiel für ein empirisches Experiment kann ein sogenannter Fairness-Test erwähnt werden. Da immer wieder Diskussionen über den Gebrauch von KI-Algorithmen bei der Jobvergabe angestoßen werden, kann durch solch einen Test festgestellt werden, ob die Jobvergabe als fair oder unfair bezeichnet werden kann.

Unzählige Ausführungen dieser einfachen Experimente können durchgeführt werden. Als besonders schnell und leicht durchführbar gilt ein Experiment, welches moralische Dilemmata analysieren soll. In diesem Experiment erzählt man einer Person und einer KI ein Problem. Als Beispiel kann das „Flugzeug-Beispiel" genannt werden. Man stelle sich ein Flugzeug vor, welches von Terroristen entführt wurde, mit der Intention, es in ein großes Gebäude zu fliegen. Der Pilot hat die Wahl, ob er das Flugzeug über dem Meer abstürzen lässt und alle Passagiere mit in den Tod reißt oder das Flugzeug in das Gebäude fliegen lässt. Dieses moralische Gedankenexperiment wird immer wieder erwähnt, wenn es um ethische und unethische Handlungen geht. Doch wie lässt sich dieses Dilemma in ein Experiment verwandeln?

Man könnte unterschiedliche Personen nach der Meinung fragen, was der Pilot hätte tun sollen und gleichzeitig „Künstliche Intelligenz" danach befragen. Bei ähnlichen Antworten kann man davon ausgehen, dass die KI im Sinne der Menschheit agieren würde. Wichtig dabei ist die statistische Repräsentativität. Dies bedeutet lediglich, dass eine größere Stichprobe zu einem höheren Grad der Genauigkeit führt. Weiters ist bei der Auswahl der Probanden auf einiges zu achten. Man muss zuvor analysieren, wie sich die Passagiere auf einem durchschnittlichen Flug zusammensetzen. Da Frauen tendenziell etwas häufiger fliegen als Männer, müssen auch mehr Frauen befragt werden. Auch die Kriterien „Beruf", „Grund der Reise" oder „Länge des Flugs" müssen dabei berücksichtigt werden.

Ist die Stichprobe zusammengesetzt, können die Probanden befragt werden und die Antworten mit einer KI verglichen werden. Dieses und ähnliche Experimente könnten durchgeführt werden, wenn es um ethische Aspekte geht.

Wesentlich leichter zu organisieren sind Umfragen, bei denen empirische Daten erhoben werden können. Das allgemeine Wissen und Verständnis kann so abgeprüft und nach Alter oder Bildungsgrad sortiert werden. Mögliche Wissenslücken können identifiziert und die Gründe dafür leichter erhoben werden.

Umfragen zu „Künstlicher Intelligenz" wurden in der Vergangenheit bereits immer wieder durchgeführt. Als Beispiel kann die im Jahr 2023 vom Digitalverband Bitkom durchgeführte Studie mit über 1.000 Befragten erwähnt werden. Für die besonders repräsentative Studie wurden unterschiedliche Personen ab 16 Jahren in Deutschland befragt. Die Ergebnisse zeigten zahlreiche Bedenken und Ängste hinsichtlich „Künstlicher Intelligenz". 65% der Befragten befürchteten, dass KI zu Arbeitsplatzverlusten führen könnte. Über den Verlust von Arbeitsplätzen wird auch medial immer wieder diskutiert. Die Befürchtung, dass KI-Systeme unterschiedliche Bevölkerungsgruppen oder Teile der Gesellschaft diskriminieren könnten, hatten 59% der Befragten. Durch den Ukraine- und Nah-Ost-Konflikt spielen Themen, wie „autonome Waffensysteme" eine besonders bedeutende Rolle. 69% der Befragten lehnten den Einsatz kategorisch ab. Dies bedeutet jedoch auch, dass 31% theoretisch offen dafür wären. Weitere Bedenken kamen in den Bereichen „Gesundheitswesen", „Verkehrswesen" und „Strafverfolgung" ans Tageslicht. Diese oder ähnliche Umfragen können eine gute Übersicht über ethische, rechtsethische oder anwendungsbezogene Fragen bezüglich KI bieten und trotz Schwankungsbreite ein Stück Wirklichkeit abbilden. Einen Schritt weiter könnte man mit Beobachtungen gehen. Der sozialen Erwünschtheit einiger Antworten könnte man so entgegenwirken.

Nach Experimenten, Umfragen oder Beobachtungen müssen die erhobenen Daten anschließend ausgewertet werden. Eine umfangreiche Datenanalyse ist durchzuführen. Zunächst müssen fehlende Werte oder Inkonsistenzen bereinigt werden. Die exploratorische Datenanalyse ist besonders für die Auswertung von Zahlen geeignet. Mittelwerte, Modalwerte oder Häufigkeitstabellen können einen klaren Überblick über das Datenmaterial schaffen. Im oben erwähnten Fall würden diese Werte eher weniger aussagekräftig sein. Textdaten werden üblicherweise qualitativ ausgewertet. Besonders offene Antworten eignen sich dafür. Nach der Datenaufbereitung können so systematisch Textgruppen gebildet werden, die im Anschluss interpretiert werden. Eine Schlussfolgerung gibt die neu gewonnenen Erkenntnisse wieder.

Nach einer präzise formulierten Theorie, der Durchführung unterschiedlicher Studien und der Datenauswertung kann dann das neue Wissen in einem nächsten Schritt angewandt werden. Die Praxis zeigt dann das wahre Gesicht der Theorie.

In der Praxis

In der Praxis müssen die Umsetzung der Maßnahmen und die Erfolgskontrolle beachtet werden. Schon bei der Formulierung der Theorie und der Durchführung empirischer Tests muss auf die tatsächliche Umsetzbarkeit geachtet werden. Doch welche Schritte sind nun wirklich zu unternehmen, damit die Maßnahmen eine bestmögliche Wirkung erzielen?

Der wohl wichtigste Aspekt, der bei der Implementierung unterschiedlicher Regelungen, die einen ethisch korrekten

Umgang mit KI sicherstellen sollen, ist „Zeit". Der Prozess, verbindliche Regeln möglichst wirkungsstark umzusetzen, geschieht nicht von heute auf morgen. Immer wieder muss der Prozess abgebrochen werden, angepasst werden und von neu beginnen. Ziel muss trotzdem eine möglichst rasche Implementierung sein, da auch die Entwicklung rund um „Künstliche Intelligenz" nicht stoppt. Ein Beispiel für eine Regel, wie sie in der Zukunft lauten könnte, ist ein Verbot einzelner KI-Applikationen. Dies kann sowohl auf europäischer als auch auf nationaler Ebene durchgesetzt werden. Zeigen die vorher durchgeführten Studien, dass eine bestimmte KI für Schüler besonders schädlich ist, muss ein klares Verbot die Folge sein.

Das Verbot einzelner KI-Technologien für bestimmte Gruppen betrifft jedoch lediglich die Mikroebene. Ein hoher Verwaltungsaufwand ist die logische Konsequenz. Denkt man weiter, kann auch auf Makroebene einiges möglichst wirkungsvoll geschehen. Ein Beispiel dafür sind die bereits erwähnten Vorschläge der AI HLEG. Das Pyramidensystem, welches im AI Act verankert ist, verbietet unterschiedliche KI-Systeme. Diese Systeme sind jedoch nicht einzeln aufgelistet, sie müssen lediglich Kriterien erfüllen. Sind die Kriterien erfüllt, kommt es zu einem Verbot. Systematisch kann so ein Netzwerk von verbotenen KI-Systemen aufgebaut werden. All dies betrifft die Umsetzung unterschiedlicher Maßnahmen.

In der Praxis muss außerdem auch noch nach der Umsetzung von KI-Regelungen eine Erfolgskontrolle durchgeführt werden, damit der tatsächliche Erfolg der Maßnahmen gemessen und anschließend verglichen werden kann. Eine Erfolgskontrolle sollte unterschiedliche Dimensionen, wie Effektivität, Effizienz oder Akzeptanz, beinhalten.

Mit einem Effektivitätsfaktor kann die gewünschte Wirkung ethischer Maßnahmen beurteilt werden. Dabei geht es bloß um den Output, das Ergebnis. Die Effizienz kann mit einer Messung der verwendeten Ressourcen festgestellt werden. Ziel ist eine möglichst effiziente Durchsetzung der Maßnahmen, von der erst dann die Rede sein kann, wenn mit möglichst geringem Input ein möglichst hoher Output erzielt werden konnte. Unter Effizienz könnte man somit Ressourcensparsamkeit verstehen. Besonders bei Richtlinien und Verordnungen von politischen Entscheidungsträgern spielt die Akzeptanz eine essenzielle Rolle. Neben der Akzeptanz in der Bevölkerung müssen auch sämtliche politische Akteure mit den Regelungen übereinstimmen. Die Akteure politischer Kommunikation lassen sich in drei Gruppen einteilen. Akteure der Interessensartikulation sind Bewegungen, soziale Organisationen oder Verbände, die indirekten Zugang zu Entscheidungssystemen haben. Weiters sind Akteure der Interessensaggregation politische Parteien, wobei sowohl Regierungs- als auch Oppositionsparteien damit gemeint sind. Auf Akzeptanz bei den Oppositionsparteien ist meist schwieriger zu stoßen. Die dritte Gruppe von politischen Akteuren, die bei der Umsetzung von KI-Regelungen beteiligt ist, werden Akteure der Politikdurchsetzung genannt. Jene Akteure sind im politischen, administrativen System beteiligt. Das Parlament, die Regierung und vor allem die Verwaltung sind dabei zu nennen. All jene Akteure, die im politischen Prozess beteiligt sind, sollten KI-Regelungen akzeptieren. Zu einer unkritischen Auseinandersetzung geltender Regelungen darf dies jedoch nicht führen. Akzeptieren alle Akteure und ein Großteil der Bevölkerung die Regelungen, ist die Erfolgskontrolle positiv verlaufen.

Die Theorie-, Empirie- und Praxisphasen sollten nicht linear ablaufen. Ein zyklischer und redundanter Ablauf ist nötig, wenn mögliche Schwächen in der Theorie oder nicht repräsentative

Studien vermieden werden sollen. Selbst die kleinsten Fortschritte in einem Prozessdurchgang können am Ende des Tages zu erfolgreichen KI-Regulierungen führen. Durch die ständige Anpassung und Verbesserung der theoretischen Ausgangslage können Politiker, Ethik-Experten und Wissenschaftler Lösungen finden, mit denen eine Zukunft mit KI und nicht gegen KI garantiert werden soll.

KAPITEL 13: ETHIK IN DER MEDI-ENLANDSCHAFT

Als vierte Säule der modernen Demokratie sind Medien ein äußerst relevanter Teilbereich, wenn über Maßnahmen diskutiert wird, die einen ethisch korrekten Umgang mit „Künstlicher Intelligenz" sicherstellen sollen. Der tatsächlichen Wirkung der Medien wollten Wissenschaftler in der Vergangenheit immer wieder auf den Grund gehen, unterschiedliche Ergebnisse waren die Folge. Man kam somit zu dem Schluss, dass gewisse Medien, unter bestimmten Umständen, für bestimmte Personen oder Gruppen, unterschiedliche Medienwirkungen erzielen können. Medien den Titel für die vierte Säule der Demokratie abzusprechen, wäre demnach eine folgenschwere Unterschätzung der medialen Macht.

Im folgenden Kapitel wird zunächst über die tatsächliche Verantwortung der Medien gesprochen, die mit dieser Macht einhergeht. In einem nächsten Teil wird ein Blick in die Zukunft gewagt. Wie könnte die Technologie „Künstliche Intelligenz" den Journalismus tatsächlich verändern? Sind Ansätze dieser Veränderungen bereits zu sehen oder noch in weiter Ferne? Ein besonderes Augenmerk soll auf den Prozess der Medienselektion gelegt werden, für den Journalisten verantwortlich sind. Oder sind es vielleicht doch die Entwickler unterschiedlicher KI-Systeme?

Die mediale Verantwortung

Die immer wiederkehrende Frage nach der Verantwortung, über die bereits zuvor in unzähligen Kapiteln dieses Buches gerätselt wurde, wird an dieser Stelle nicht erneut aufgerollt. Schließlich kann man die Verantwortung eines einzelnen KI- oder Internet-Users nicht mit der von mächtigen Medienkonzernen vergleichen, die mehr Einfluss auf die Meinungen vieler Menschen haben, sei es gewollt oder ungewollt.

Doch wen trifft diese besondere Art der Verantwortung wirklich? Die Personen, die für die Recherche zuständig sind, jene, die recherchierte Informationen ausformulieren oder den Chefredakteur, der am Ende des Tages bestimmt, welche Nachrichten die Redaktion verlassen? Grundsätzlich ist eine Redaktion, in der mit KI-Systemen gearbeitet wird, als kollaboratives System anzusehen. Jeder muss seinen Teil beitragen und dafür verantwortlich sein, auch wenn am Ende des Tages in der Praxis der Chefredakteur oder Herausgeber einen großen Teil der Verantwortung nur schwer abgeben kann.

Die Kette der Verantwortung beginnt bei der Selektion von Medieninhalten. Es stellt sich zunächst die Frage, welche Inhalte überhaupt für die Öffentlichkeit interessant sind. Hierbei handelt es sich keineswegs um Zensur oder Unterschlagung von Information, sondern vielmehr um eine etablierte, journalistische Herangehensweise, die auf der Gatekeeping-Theorie basiert. Die von David Manning White erforschte Theorie erklärt, warum es manche Informationen in die Nachrichten schaffen und andere eben nicht. Laut dieser Theorie kann ein Journalist auch als „Gatekeeper" oder „Mr. Gates" bezeichnet werden. „Gate" ist das englische Wort für „Tor". Es handelt sich hierbei um eine bildliche Darstellung, die verdeutlichen soll, dass über Informationen erst berichtet wird, wenn sie es durch dieses Tor, welches von Journalisten bewacht wird, schaffen.

Die Art und Weise, wie Journalisten mögliche Inhalte selektieren, verändert sich durch KI. Daher muss auch die Gatekeeping-Theorie angepasst werden. Denn bei der Suche nach Informationen spielen KI-Algorithmen eine bedeutende Rolle. Innerhalb von kürzester Zeit können Informationen gefiltert werden, wobei die tatsächliche Zeitersparnis an vorderster Stelle steht. Medienvertreter können in dieser Zeit anderen Aufgaben nachgehen, die ebenfalls wichtig für einen ausgeglichenen, demokratischen Diskurs sind.

Die oft erwähnte Diskrepanz zwischen Recht und Ethik darf auch bei der Medienselektion durch KI-Systeme nicht übersehen werden. Schließlich müssen rechtliche Bestimmungen über die journalistische Sorgfaltspflicht oder die Plattformhaftung mit ethischen Grundüberlegungen, wie Transparenz, einhergehen. Wiederum steht die Zusammenarbeit zwischen KI-Entwickler und dem Anwender, in diesem Fall dem Journalisten, an vorderster Stelle. Der Datenschutz kann sowohl aus einer ethischen als auch aus einer rechtlichen Perspektive betrachtet werden.

Neben der Medienselektion muss ebenso der Chefredakteur oder Herausgeber Grundregeln einhalten, damit eine ethische Medienlandschaft, trotz der Anwendung von KI-Systemen, entstehen kann. Fällt beispielsweise dem Chefredakteur vor der Veröffentlichung eines Artikels eine besonders geringe Quellendiversifikation auf, sollte er seine Mitarbeiter darauf aufmerksam machen. Das Problem muss nicht immer durch KI verursacht werden, trotzdem wäre es möglich. Wenige Quellen für einen Artikel heranzuziehen, kann besonders bei der Arbeit mit „Künstlicher Intelligenz" zum Problem werden. Ein KI-Algorithmus könnte unbemerkt Quellen bevorzugen, die auf unausgeglichenen Ausgangsdaten beruhen. Die Folge sind falsche Inhalte und mögliche Kontexte, die nicht beachtet werden. Die fehlende Repräsentation unterschiedlicher Gruppen, die immer wieder im Journalismus kritisiert wird, könnte sich so versteckt innerhalb kürzester Zeit verschlechtern. Die Qualität journalistischer Inhalte würde darunter massiv leiden, was wiederum einen Vertrauensverlust auslösen würde. Die bereits existierende Vertrauenskrise im Journalismus wäre demnach noch lange nicht am Höhepunkt. Die vierte Säule der Demokratie würde zu zerbröckeln beginnen.

Auswirkungen auf den Journalismus

Es stellt sich nun die Frage, welche Auswirkungen tatsächlich bereits durch KI-Einsatz zu beobachten sind und welche weiteren in naher und ferner Zukunft noch folgen könnten. Die Frage nach der Objektivität ist dabei immer wieder an der Tagesordnung. Dass eine völlige Objektivität reine Utopie ist, da sind sich zahlreiche Experten und die Wissenschaft einig. Trotzdem muss ein gewisses Maß an Objektivität erfüllt werden, damit es nicht durch KI zu Problemen in Redaktionen kommt. Welche Probleme das sind, wird im Folgenden näher ausgeführt.

„Künstliche Intelligenz", das „Genie" der Daten, kann zum Faktencheck im Journalismus herangezogen werden. Fehlinformationen können besonders schnell herausgefiltert werden, da ein Mensch nie in der Lage sein wird, die nötigen Datenmengen in kurzer Zeit zu überprüfen. Besonders bei der Nachrichtenberichterstattung spielt der Faktor „Zeit" eine essenzielle Rolle. Schließlich gilt, je schneller, desto besser. Die Effizienz zahlreicher Journalisten könnte damit gesteigert werden.

Ein bereits erwähntes Problem, welches durch sogenannte „Deepfakes" entstehen kann, wird von KI-Systemen auf der einen Seite verursacht, kann jedoch auch wiederum mittels KI-Einsatz bereinigt werden. Besonders im Journalismus gelten

Nachrichten, die visuell übermittelt werden als vertrauenswürdig. Die Phrase „Was ich sehe, das kann ich auch glauben." verliert jedoch im KI-Zeitalter ihre Bedeutung. Falschinformationen können daher durch Deepfakes leichter publiziert werden. Die Technologie „Künstliche Intelligenz" bietet jedoch eine praktische Lösung für dieses Problem.

Zunächst einmal können Bild- und Videoanalysen genutzt werden, um Informationen zu extrahieren und sogar in einem Bericht-Layout darzustellen. Dabei steht die Zeitersparnis im Vordergrund. Obwohl diese Idee sehr innovativ erscheint, birgt sie dennoch einige Risiken. Schließlich können KI-Systeme Kontexte oft schwer verstehen und ein ungewollter, meinungsbetonter Artikel ist das Ergebnis. Beim schnellen Schreiben von Artikeln durch KI könnten auch Flüchtigkeitsfehler übersehen werden. Doch wie kann nun KI eine Lösung für die Deepfake-Problematik sein, wenn das Problem erst durch KI entstanden ist?

Bild- und Videoanalysen können verwendet werden, um Bilder und Videos zu analysieren, bei denen nicht eindeutig ist, ob sie tatsächlich echt sind. Dieser doppelte KI-Einsatz kann auch in anderen Bereichen eingesetzt werden, was auch schon in der Praxis der Fall ist. Immer wieder wird über die Abschaffung von schriftlich verfassten Abschlussarbeiten diskutiert, da oft nicht geprüft werden kann, ob jene Texte mit KI entstanden sind und daher eine Leistung nur vorgetäuscht wurde. Plagiatsscanner, die auch Passagen identifizieren können, welche möglicherweise mit KI-Einsatz generiert wurden, sind auf dem Vormarsch. Es handelt sich hierbei einfach nur um Algorithmen, die Algorithmen erkennen können. Auch wenn die Verlässlichkeit dieser Scanner nicht immer auf höchstem Niveau ist, gibt es eine Chance, Texte oder Videos, welche mit KI-Einsatz generiert wurden, zu identifizieren.

All jene Auswirkungen auf den Journalismus, die von gesellschaftlicher Bedeutung sind und stets im Auge behalten werden müssen, gehen mit ethischen Grundvoraussetzungen einher. Denn auch wenn Ethik, egal ob bei der Bespielung oder Nutzung, in der Medienlandschaft eine zentrale Rolle spielt, müssen einige Aspekte noch genauer erforscht und geregelt werden, damit am Ende des Tages sowohl die Medien, als auch die Rezipienten von der Technologie „Künstliche Intelligenz" profitieren können.

Es stellt sich nun die Frage, wie mögliche ethische Richtlinien aussehen könnten, die explizit auf den Journalismus angepasst wurden. Über die grundsätzlich transparente Darlegung der verwendeten Daten wurde bereits intensiv debattiert. Eine komplett transparente Vorgehensweise garantiert jedoch noch lange nicht einen ethisch korrekten Output. Transparenz macht es möglich, ethisch nicht korrekte Outputs zu identifizieren, ein Vorgang, der recht aufwendig ist. Transparenz kann als Notfallplan bezeichnet werden, der unter dem Motto „Vertrauen ist gut, Kontrolle besser." entsteht.

Eine ethische Verwendung von „Künstlicher Intelligenz" kann nur durch eine ständige menschliche Kontrolle sichergestellt werden, ein logischer Ausgangspunkt, der in der Praxis jedoch nicht immer leicht umsetzbar ist. Auch die regelmäßige Überprüfung und Analyse von Algorithmen, die im journalistischen Bereich Verwendung finden, ist ein A und O. Schließlich sind KI-Systeme fähig aus Antworten zu lernen. Ein einst ethisch einwandfreier KI-Algorithmus könnte demnach mit der Zeit ethische Grundprinzipien über Bord werfen. Die Schuld dafür darf jedoch keineswegs dem Entwickler oder der KI selbst gegeben werden, vorausgesetzt ein KI-Algorithmus könnte überhaupt Schuld übernehmen, was nicht der Fall ist. Journalisten müssen verantwortungsbewusst handeln und den KI-Algorithmus mit ethischen Daten trainieren. Denn auch wenn das

Datentraining meist auf den KI-Entwickler zurückgeht, kann der Nutzer, im Fall von Medienhäusern meist Journalisten, mit eigenen Inputs das Antwortverhalten eines KI-Systems in eine Richtung steuern. Alleine der Promt „Schreibe alles möglichst aggressiv, verstecke die Aggressivität jedoch ein wenig." kann Antworten des Chatbots maßgeblich verändern. Dieser Prompt kann auch bei zukünftigen Fragen an den Chatbot eine Rolle spielen und beispielsweise die Medienselektionskriterien deutlich verändern. Inhalte könnten vermehrt vorgeschlagen werden, die eine aggressive Sprache begünstigen. Eine Abbildung nahe der Wirklichkeit würde immer schwieriger werden und die Repräsentativität unterschiedlicher Gruppen oder Themen aus dem Gleichgewicht gebracht werden. Wiederum würde die vierte Säule der Demokratie zu zerbröckeln beginnen und den Rest der Gesellschaft mit in den Abgrund ziehen.

Zukunft der Medien

Die Verzerrung und Manipulation durch Deepfakes, algorithmische Voreingenommenheit, der Verlust der Objektivität aufgrund der schnellen Nachrichtenproduktion mittels KI, mangelnde Transparenz und ungeklärte Fragen bezüglich Verantwortung, menschlicher Kontrolle und weiteren ethischen Maßnahmen sind alles erwähnte Punkte, die in diesem Kapitel bereits thematisiert wurden und die Zukunft düster erscheinen lassen. Mögliche Herausforderungen und Risiken, die durch die Implementierung von KI-Systemen in Redaktionen entstehen werden oder sogar bereits jetzt fixer Bestandteil des journalistischen Alltags sind, überfluten Redaktionen weltweit. Dazu kommen regelrecht provokante, doch berechtigte Fragen, wie „Wofür benötigen wir überhaupt noch Journalisten?", die zusätzlich Öl ins Feuer gießen. Wie sehr wird „Künstliche Intelligenz" in naher und ferner Zukunft das System

„Journalismus" und dessen Subsysteme „Medien", „Nachrichtenproduktion", „Nachrichteninstitutionen" und „Wirtschaft" nun tatsächlich verändern?

Die Wichtigkeit des Journalismus per se sollte an jener Stelle auf jeden Fall nicht hinterfragt werden, besonders in der Rolle als vierte Gewalt der Demokratie. Klar muss jedoch auch sein, dass mit großen technologischen Veränderungen und Fortschritten, wie sie beispielsweise im Fachbereich „Künstliche Intelligenz" zu sehen sind, automatisch auch andere etablierte Systeme, wie der Journalismus, von Veränderungen nicht ausgenommen sind. Die Systemtheorie von Niklas Luhmann beschreibt Systeme ebenfalls als offen und dynamisch. Die Tatsache, dass in Systemen neue Eigenschaften entstehen können, die sich nicht aus den Eigenschaften der einzelnen Komponenten ableiten lassen, unterstreicht dies ebenfalls deutlich. Der Journalismus oder die Medien verändern sich daher automatisch durch Technologien wie KI.

Dass der Großteil dieser Veränderungen negativ sein muss, soll nicht damit ausgedrückt werden. Durch die Berücksichtigung ethischer Aspekte kann „Künstliche Intelligenz" eine große Bereicherung für das System „Journalismus" darstellen und somit auch den demokratischen Diskurs untereinander fördern. Aus einer optimistischen Perspektive kann KI ebenso als „kreativer Partner" dargestellt werden. Diese Partnerschaft beeinflusst die Entwicklung von Erzählformen und die Visualisierung von Daten.

Auch der Zugang zum Journalismus kann durch KI-Systeme erweitert werden. Die Möglichkeit durch einfach programmierte Chatbots einen bereits verfassten Text für ein anderes Publikum anzupassen, eröffnet vielen Mitbürgern eine zielgerichtete Teilhabe am medialen und demokratischen System. So kann ein journalistischer Bericht innerhalb von wenigen

Sekunden in einfachere Sprache übersetzt werden. Eine eigene, inhaltlich deckungsgleiche Nachrichtenpublikation für Menschen mit kognitiver Beeinträchtigung könnte mit geringstem Kosteneinsatz verwirklicht werden. Dies wäre eines von vielen Paradebeispielen für einen ethischen, sinnvollen Einsatz der KI-Technologie, ganz im Namen barrierefreier Kommunikation.

Auch die Qualität des Journalismus kann direkt verbessert werden, wenn bestimmte Aufgaben nicht von einem Menschen, sondern von einer KI erledigt werden würden, die ein Mensch so nicht erledigen könnte. Die Fähigkeit von KI-Algorithmen, repräsentative Stichproben von Befragten möglichst genau und ausgeglichen zusammenzustellen, kann die Auswahl von Interviewpartnern erleichtern.

Ob die Zukunft der Medien in sicheren Händen ist, kann nur ein Mensch beurteilen, da eine KI keine Hände besitzt. Nur der Mensch bestimmt, in welche Richtung zukünftige Entwicklungen hinsteuern. Die Macht der Medien darf dabei keineswegs unterschätzt werden. Schließlich sind sie Informationsgeber, auf dessen Grundlage alle Bürger Meinungen bilden. Egal ob politische Wahlen, gesellschaftliche Entwicklungen, ökonomische Aspekte oder moralische Überzeugungen, die Medien sind verantwortlich für die Meinungsbildung ihrer Leserschaft. Die Verantwortung darf dabei nicht hin und her geschoben werden, denn schließlich ist das gesamte Redaktionsteam für einen Artikel verantwortlich.

Die Chancen und Risiken bei der Integration von KI-Technologien im Mediensektor müssen individuell abgewogen werden. Logischerweise müssen sämtliche Risiken minimiert und Chancen in einem redundanten Prozess weiterentwickelt werden. Der US-amerikanische Astrophysiker Carl Sagan, der sich zeit seines Lebens mit „Künstlicher Intelligenz" beschäftigte, sagte bereits einige Jahrzehnte vor den größten Fortschritten im Bereich KI: „Technologie ist neutral, aber der Mensch, der sie einsetzt, nicht."

" Studie zeigt: Mitarbeiter nutzen heimlich KI, aus Angst ersetzbar zu wirken.", „Ärzte, Industrie, Finanzsektor – Wird mein Job bald von der KI ersetzt?", „Automatisierbare Tätigkeiten: Ist mein Job durch KI und Digitalisierung ersetzbar?", „Droht KI den Menschen zu ersetzen?" – alles Artikel, erschienen in den letzten Jahren, welche die Ersetzbarkeit in der Arbeitswelt durch „Künstliche Intelligenz" thematisieren und Angst in der breiten Masse der Bevölkerung verbreiten. Doch was steckt wirklich dahinter? Steuert die Menschheit aufgrund von fortschrittlicher KI-Kompetenz auf eine ökonomische und soziologische Katastrophe zu oder ist alles nur halb so wild?

Im folgenden Kapitel wird all diesen gesellschaftlich wichtigen Fragen auf den Grund gegangen und aufgedeckt, welche Arbeitsbereiche tatsächlich durch KI wegrationalisiert werden könnten, und welche Branchen KI auch aus sozioökonomischer Sichtweise gewinnbringend nutzen könnten.

Menschliche Fähigkeit vs. KI-Kompetenz

Wenn man „Künstliche Intelligenz" mit der Intelligenz eines Menschen vergleicht, so wird man schnell erkennen, dass die Bezeichnung „Intelligenz" im Begriff „Künstliche Intelligenz" nicht gerade passend ist. Der Neurologe Prof. Dr. Simon Hippenmeyer, der an zahlreichen Forschungsarbeiten über das Gehirn beteiligt ist, gab zur Kenntnis: „Künstliche Intelligenz hat nichts mit Intelligenz zu tun." Allein der Begriff „Intelligenz" ist äußerst komplex zu definieren und umfasst nicht nur die Fähigkeit zu lernen. Schließt man emotionale Lernfähigkeiten, kontextuelles Verständnis, Bewusstsein und moralische Urteilsfähigkeit mit ein, so kann die Phrase „KI hat nichts mit Intelligenz zu tun." auf jeden Fall verifiziert werden. Nimmt man die Funktionsweise einer KI und eines menschlichen Gehirns genauer unter die Lupe, wird man die zahlreichen Unterschiede erkennen, die alle in dieselbe Richtung gehen: Das menschliche Gehirn ist immer einen Schritt voraus.

Betrachtet man den Aufbau eines biologischen, neuronalen Netzwerkes, dem Gehirn, und den eines künstlichen, neuronalen Netzwerkes, beispielsweise dem Transformer-Modell, so wie es bei Chat GPT der Fall ist, kommen klare strukturelle Unterschiede zum Vorschein. Der Hauptbaustein des Gehirns sind zahlreiche Neuronen, die auch als Nervenzellen bekannt sind und für die Informationsverarbeitung zuständig sind. Das Gehirn ist nicht eine multifunktionale Masse, sondern kann in unterschiedliche Teilbereiche gegliedert werden. Jeder dieser Bereiche ist auf der einen Seite für eine ganz bestimmte Tätigkeit zuständig, auf der anderen Seite ist diese Funktionsweise von anderen Bereichen des Gehirns abhängig. Während der Frontallappen die Planung, Entscheidungsfindung und Persönlichkeit bestimmt, der Temporallappen Informationen abspeichern kann und der Okzipitallappen visuelle Informationen verarbeitet, ist der Parietallappen für alle Sinnesfunktionen zuständig. All diese unterschiedlichen Teilbereiche bestehen aus Milliarden von Nervenzellen, welche über Billionen von Verbindungen miteinander verknüpft sind. Nicht ohne Grund ist das Gehirn das komplexeste und bisher am wenigsten erforschte Organ im menschlichen Körper. Kann dem Gehirn keine Funktionsweise mehr zugeordnet werden, so ist ein Mensch nicht mehr reanimierbar, auch hirntot genannt. Das

Herz ist weniger sensibel und kann beispielsweise durch Stromschläge, freigesetzt von einem Defibrillator, wieder in Gang gesetzt werden.

Schon bei der Analyse des Aufbaus unseres Gehirns kommt die Einzigartigkeit jenes Organs zum Vorschein. Die Vielfalt der Funktionen, die starke Vernetzung und die plastischen Eigenschaften sind sowohl komplex als auch außergewöhnlich. Doch ist es auch beispiellos? Kann der Aufbau des menschlichen Gehirns mit einer fortschrittlichen KI verglichen werden? Schließlich muss die Verwendung des Begriffs „Intelligenz" einen Grund haben.

Der Vergleich zwischen KI und Gehirn ist auf der einen Seite durchaus legitim. Schließlich handelt es sich bei beiden um Informationsverarbeitungssysteme. Auch KI-Systeme bestehen aus unterschiedlichen Teilbereichen und kombinieren sinnvoll Technologien. Auf der anderen Seite könnte der Unterschied zwischen „künstlicher" und „biologischer" Intelligenz wohl kaum größer sein.

Berücksichtigt man die Tatsache, dass ohne menschliche Intelligenz, KI nicht existieren würde, so muss von einer Abhängigkeit gesprochen werden. Schließlich lernt KI von Daten, die Menschen herausgefunden haben und einer KI anschließend zur Verfügung stellen. Klar ist somit, dass ohne biologische Intelligenz auch keine „Künstliche Intelligenz" existieren kann. Nach dieser Auffassung kann ein KI-System nicht intelligenter als ein Mensch sein. Doch ist KI überhaupt intelligent? Die momentane Antwort auf diese Frage muss wohl mit einem klaren „Nein" beantwortet werden. Ein Mensch trainiert eine Technologie mit intelligenten Daten, was zu einem Täuschungseffekt führt. Die Maschine gibt schlüssige, intelligente Informationen weiter, nach dem die vorhandenen Daten analysiert wurden. Die reine Analyse von Daten würde wohl nie als „intelligent" bezeichnet werden. Der Begriff „Künstliche Intelligenz" führt somit in die Irre, hat jedoch trotzdem seine Berechtigung. Aber warum?

Hört man von „Künstlicher Intelligenz" oder von einem System, welches KI verwendet, so wird automatisch angenommen, dass das System selbst intelligent ist. Dies ist wie bereits erklärt nicht richtig. Interpretiert man „Künstliche Intelligenz" etwas anders, so kann man das Wort „Intelligenz" auch auf menschliche Intelligenz beziehen, die benötigt wird, damit der KI-Algorithmus funktioniert. Ist der Begriff „Künstliche Intelligenz" somit fachlich richtig? Ja. Ist der Begriff irreführend? Ja.

Menschliche Kompetenzen und KI-Kompetenzen direkt zu vergleichen ist daher wenig hilfreich bis kaum möglich. Schließlich baut KI nur auf menschlicher Kompetenz auf. Der direkte Vergleich zwischen KI und Mensch verursacht Verwirrung und Angst ersetzt zu werden, aber liefert kaum wertvolle Erkenntnisse. Die Angst vor der Ersetzbarkeit wirft wichtige Fragen nach der Bedeutung von Arbeit, Identität und menschlicher Einzigartigkeit auf, die tiefgehender betrachtet werden müssen.

Ökonomische Folgen

Neue bahnbrechende Technologien gehen immer mit ökonomischen Veränderungen einher. Im medialen Diskurs wird meist über „von KI verursachten Arbeitslosenwellen" berichtet, was zu Recht Verunsicherung in der Bevölkerung verursacht. Doch auf welche Folgen muss sich die Wirtschaft tatsächlich einstellen?

Die Ersetzbarkeit in der Arbeitswelt durch KI-Systeme ist nicht nur Teil einer Debatte, die ausschließlich die Zukunft betrifft, sondern ebenso die Gegenwart. Schließlich übernimmt bereits jetzt KI einen wichtigen Teil in Arbeitsroutinen, beginnend mit harmlosen Navigationssystemen, bis hin zu großen Maschinen. Die Steigerung der Produktivität durch den Einsatz von KI-Systemen ist kein großes Geheimnis. Auch die Entstehung von bislang unentdeckten Berufsfeldern ist wahrscheinlich. All jene Aspekte beeinflussen den Arbeitsmarkt bislang wenig, eine Tatsache, die sich wohl bald ändern wird. KI ist schließlich gekommen, um zu bleiben.

Um Veränderungen in der Arbeitswelt und auch der Ersetzbarkeit auf die Spur zu kommen, sind langfristige Analysen und Beobachtungen nötig. Auswirkungen durch eine Veränderung im Arbeitsmarkt sind oft erst Jahre später zu erkennen, weshalb der Überblick bei der Analyse stets nicht verloren gehen sollte. Neue KI-Systeme in der Arbeitswelt lösen oft eine langsame Kettenreaktion aus. Die Verschiebung der Nachfrage wäre ein passendes Beispiel, um den Ablauf einer solchen Kettenreaktion zu veranschaulichen. Durch „Künstliche Intelligenz" können bestimmte Fähigkeiten besser und schneller ausgeführt werden. Besonders routineaufgabenbasierte Fähigkeiten sind dabei signifikant. Die sinkende Anzahl jener Jobs verursacht eine steigende Nachfrage an Jobs, für die Kreativität und kritische Denkfähigkeiten notwendig sind.

Dieses Beispiel verdeutlicht, dass ökonomische Folgen nicht unbedingt zu weniger Jobs führen müssen. Zahlreiche Studien, welche zu dieser Thematik durchgeführt wurden, kommen auf unterschiedliche Ergebnisse. Laut der „Internationalen Arbeitsorganisation", eine Sonderorganisation der Vereinten Nationen, könnte die Implementierung von KI-Tools einige Arbeitsbereiche erweitern. Die Automatisierung von Aufgaben kann Platz für andere, nicht unbedingt weniger wichtigere Tätigkeiten schaffen. Allerdings gibt es auch Studien, die zu anderen Ergebnissen kommen. Bis zu 300 Millionen Vollzeitjobs könnten in ferner Zukunft durch KI vollständig ersetzt werden. Dazu kommt eine Studie, durchgeführt von Goldman Sachs, einem führenden Unternehmen im Investmentbanking. All jene Jobs umzubesetzen wäre nur schwer bis gar nicht möglich.

Ökonomische Folgen, wie die Verschiebung der Nachfrage von Produkten, Dienstleistungen oder Arbeitsplätzen, betreffen in erster Linie direkt die Unternehmer. Indirekt ist jedoch genauso die Allgemeinheit betroffen, da mit ökonomischen Veränderungen automatisch auch soziologische Veränderungen folgen.

Soziologische Folgen

Während man in der Ökonomie meist von einer Arbeitsplatzverschiebung spricht und KI als disruptive Technologie ansieht, beschäftigt sich die Soziologie tendenziell mit dem Arbeitsplatzverlust durch „Künstliche Intelligenz".

Die Befürchtung, dass KI zu einem massiven Verlust von Arbeitsplätzen führen könnte, ist weit verbreitet. Als besonders problematisch kann die zunehmende soziale Ungerechtigkeit durch diese Welle an Arbeitsplatzverlusten angesehen werden. Der mediale Diskurs darüber ist wohl kaum mehr zu stoppen, da sich durch neue, revolutionäre KI-Programme immer mehr Menschen folgende Frage stellen: Warum soll mein zukünftiger Arbeitgeber mich und nicht eine KI anstellen, wenn sie besser und gleichzeitig günstiger ist? Auch die Notwendigkeit, mit KI-Systemen umgehen zu können, wird in Zukunft eine Rolle spielen und löst bei weniger technikaffinen Personen Bedenken aus. Selbst wenn KI immer mehr in Bildungssysteme integriert wird, können einige Gruppen wenig damit anfangen, beginnend mit Gruppen, die einen grundsätzlich schlechteren Zugang zur Bildung haben. Meistens sind ökonomische Bedingungen der Grund für weniger entwickelte Bildungssysteme.

Ein gefährlicher Dominoeffekt könnte wiederum die Folge sein und soziale Ungerechtigkeiten drastisch verstärken.

Die Arbeitskultur wird sich durch KI-Algorithmen zunehmend verändern. Fraglich ist nur, ob jene Veränderungen auch positiv zu bewerten sind. Experten befürchten eine zunehmende Prekarisierung. Aus ökonomischer Sicht wäre dies möglicherweise gar kein Nachteil, da mehr Gewinne die Folge wären. Aus einer soziologischen Perspektive sieht die Sache jedoch ganz anders aus. Arbeitsabläufe könnten von KI-Algorithmen angepasst werden, damit am Ende des Tages ein Maximum an Gewinn abgeschöpft werden kann. Der Arbeitgeber freut sich, der Arbeitnehmer weniger. Unregelmäßige Arbeitszeiten in Kombination mit zunehmenden Kündigungen könnten ungebremst zu einer ernsten Katastrophe führen.

Überlässt man in der Arbeitswelt einer KI die Steuerung, wird diese Welt voller Überwachung sein. Schließlich würde eine KI in der Privatwirtschaft mit Sicherheit darauf programmiert sein, möglichst viel Gewinn zu erwirtschaften. Die dauerhafte Überwachung würde auf Arbeitnehmer massiven Druck ausüben und auch psychische Nebeneffekte mit sich bringen. Unsicherheiten, soziale Ungerechtigkeit, geschwächte Gewerkschaften und geringere soziale Leistungen wären die Folgen einer unkontrollierten KI-Steuerung in der Arbeitswelt.

Wer nun glaubt, man müsse auf jegliche Vorteile, die „Künstliche Intelligenz" in der Arbeitswelt bietet verzichten, damit ein angenehmes Arbeitsklima und ethische Arbeitsbedingungen garantiert werden können, der irrt sich. Lösungsansätze und passende Maßnahmen können gegensteuern und eine Zukunft mit und nicht gegen KI schaffen.

Die Stärkung sozialer Systeme steht dabei an vorderster Stelle. Die Anpassung an neue Bedingungen, die durch die

Technologie „Künstliche Intelligenz" entstehen, ist essenziell, wenn KI im Arbeitsalltag eine wichtige Rolle spielen soll. Auch klare ethische Richtlinien, schriftlich festgehalten in einem Leitfaden, sind eine Möglichkeit, KI sinnvoll zu regulieren. Jene Regulierungen können auf unterschiedlichen Ebenen Anwendung finden. Auf der Makroebene könnte beispielsweise die EU im AI Act einen eigenen Teil, der das Arbeitsrecht explizit erwähnt, formulieren. Auf der Mesoebene könnten Organisationen interne Regulierungen beschließen. Jene müssen nur vom Unternehmen eingehalten werden, nicht aber von der Öffentlichkeit. Unter die Mikroebene fällt das ethische Bewusstsein eines jeden Menschen. Am Ende des Tages muss jeder Mensch selbst die Entscheidung, KI verwenden zu wollen, treffen. An dieser Stelle sollte die Angst vor unabsichtlichen, unethischen Handlungen aufgegriffen werden, von der immer wieder berichtet wird. Doch was steckt wirklich hinter dieser Befürchtung?

Täglich besuchen weltweit tausende Menschen Vorträge, Tagungen oder Informationsveranstaltungen, auf denen über ethische Implikationen gesprochen wird. Die Befürchtung: Man ist bemüht im ethischen Umgang mit KI, weiß aber nicht, ob jenes Bemühen auch tatsächlich zum Erfolg führt. Grundsätzlich gilt: Wer im Umgang mit KI bemüht ist, die Funktionsweise von „Künstlicher Intelligenz" versteht und sich informiert, der wird kein Problem haben, unbewusst unethisch zu handeln. Die alleinige Auseinandersetzung mit KI und möglichen ethischen Problemen kann zum Erfolg führen, ganz unter dem Motto: Der Weg ist das Ziel.

Die Angst vor der Ersetzbarkeit in der Arbeitswelt ist nicht unbedingt unbegründet. Der Zug ist jedoch noch lange nicht abgefahren, wenn es darum geht, „Künstliche Intelligenz" sinnvoll in der Arbeitswelt zu integrieren. Wichtig sind neutrale Behörden, Organisationen oder Unternehmen, welche als

Aufsichtsorgan fungieren. Die Zukunft der Arbeit wird von einer Symbiose aus Mensch und Maschine geprägt sein, wobei immer der Mensch als Ausgangspunkt jeglicher Ideen oder Entscheidungen gilt.

In der Pflanzenwelt ist es ähnlich. Als faszinierendes Beispiel für eine erfolgreiche Zusammenarbeit in der Natur kann die „Mykorrhiza" genannt werden. Pilze durchdringen die Wurzeln eines Baumes. Dabei handelt es sich jedoch nicht um einen Befall, wie es bei einem Parasiten der Fall wäre. Die Verbindung ermöglicht einen gegenseitigen Austausch. Der Pilz bekommt vom Baum einen geschützten Lebensraum, der Baum kann durch den Pilz besser Nährstoffe und Wasser aufnehmen.

Das, was die Natur vorzeigt, kann auch vom Menschen nachgemacht werden. „Künstliche Intelligenz" ermöglicht es uns, einige Arbeitsbereiche zu verbessern. Brustkrebs kann bis zu 5 Jahre früher erkannt werden, langwierige Büroarbeit kann innerhalb von wenigen Sekunden fehlerfrei erledigt werden und ein Unternehmer kann seine Arbeiter sinnvoller einteilen. Der Mensch muss dafür für ein sauberes Datenmaterial sorgen und ethische Grundprinzipien einhalten. Negative ökonomische und soziologische Folgen können vermieden werden. Die Angst vor der Ersetzbarkeit ist damit zwar durchaus berechtigt, es können jedoch auch im besten Fall mehr Jobs entstehen, die wesentlich interessanter sind. Die menschliche Kontrolle über diese ständigen Veränderungen zu haben ist das A und O. Während der Pessimist „Ich werde vielleicht meinen Job verlieren." denkt, blickt der Optimist anders in die Zukunft: „Ich bekomme vielleicht einen viel spannenderen und nützlicheren Job."

KAPITEL 15: ETHISCH KORREKTE UND INKORREKTE BEISPIELE

Achtung! Unethische KI. Diese und ähnliche Ausdrücke konnte man in näherer Vergangenheit immer wieder zu hören bekommen. Doch was steckt wirklich dahinter? Ist ein empirisches, also auf Erfahrungen beruhendes Vorgehen sinnvoll, wenn es um Ethik geht? Die Wurzeln „Künstlicher Intelligenz" liegen schließlich mehr als 75 Jahre zurück. Dementsprechend müsste genug Datenmaterial zur Verfügung stehen, um Rückschlüsse ziehen zu können und mögliche Probleme könnten in der Zukunft schneller gelöst werden. Oder benötigt es durch den blitzschnellen technologischen Fortschritt Anpassungen, da sich die Ausgangslage ständig ändert? Im folgenden Kapitel soll jenen Fragen auf den Grund gegangen werden. Anhand von gezielten Fällen aus der Vergangenheit, bei denen ethisch korrekte und inkorrekte KI-Systeme im Spiel waren, sollen Fehler analysiert und Vorschläge präsentiert werden, um folgende Fehler in Zukunft vermeiden zu können.

Von der Vergangenheit lernen

Fehler können passieren und sind menschlich. Trotzdem sollten sich sowohl KI-Entwickler als auch KI-Nutzer Gedanken über sie machen, da Konsequenzen für die Allgemeinheit folgen könnten. Von der Verbreitung einer falschen Information im Sportjournalismus bis hin zur Entstehung einer möglichen „Superintelligenz" ist theoretisch alles möglich. Die Idee von der Vergangenheit und von Fehlern zu lernen ist sowohl klar als auch sinnvoll. Wiederum scheitert es an der Umsetzung, die alles andere als klar ist. Doch warum ist das so? Missstände bei ethisch nicht einwandfrei agierenden KI-Systemen zu erkennen, kann auch als „Black Box-Problem" bezeichnet werden und hängt direkt mit dem kognitivistischen Kommunikationsprinzip, bestehend aus Input, Informationsverarbeitung und Output, zusammen.

Als Black-Box kann in der Kommunikation die Phase zwischen einem Input und einem Output verstanden werden. Vor der Erforschung des kognitivistischen Prinzips, galt das Prinzip des Behaviorismus. Man nahm an, dass Kommunikation eben nur aus diesen zwei Phasen besteht. Der Übergang wurde als „Black-Box" bezeichnet, da man nicht wusste, was genau zwischen Input und Output passiert. Jahrzehnte später beschäftigten sich Wissenschaftler genauer mit dem Gehirn und fanden die Verknüpfung zwischen Input und Output. Es war nun klar, dass ein Gespräch von einem Input ausgeht und dann vom Gehirn des Gegenübers verarbeitet werden musste, damit jenes Gegenüber einen Output formulieren kann.

Abbildung 4 Behaviorismus

Das Gehirn wurde dabei als „Black-Box" bezeichnet, da man noch gar nicht wusste, was im Gehirn eigentlich passiert. Bei „Künstlicher Intelligenz" ist es ähnlich. Die Phase zwischen Input und Output wird demnach nicht als neuronales, sondern als künstliches neuronales Netzwerk bezeichnet. Der KI-Nutzer kann jedoch nicht, im Gegensatz zum KI-Entwickler, dieses künstliche neuronale Netzwerk, im Falle von Chat GPT dem Transformer, analysieren. Weiß der Nutzer, dass durch seine

Eingabe etwas schiefgelaufen ist, kann er somit nur schwer herausfinden, was die tatsächliche Ursache ist, zumindest wenn die Ursache beim Informationsverarbeitungsprozess, also der KI, liegt.

Kann somit das „Black-Box-Problem" überhaupt gelöst werden, vorausgesetzt die Entwickler der KI-Algorithmen legen nicht jeden ihrer Schritte offen, eine Handlung, die sowieso nichts bewirken würde, da jene Materie zu komplex für die meisten Nutzer ist? Die Antwort lautet: Nein, das Problem kann nicht gelöst werden.

Das schränkt die Möglichkeit aus vergangenen Fehlern zu lernen mit Sicherheit ein, macht es jedoch trotzdem nicht unmöglich. Schließlich kann es ebenso ein Fehler gewesen sein, den Einsatz von KI überhaupt in Betracht gezogen zu haben. Die logische Schlussfolgerung wäre in Zukunft auf „Künstliche Intelligenz" in Verbindung mit jener bestimmten Thematik zu verzichten. Eine innovativere Alternative ist eine intensive Forschung, damit der technologische Fortschritt nicht gebremst wird und möglicherweise lebensrettende KI-Alternativen in Zukunft doch in Betracht gezogen werden. Damit diese Überlegungen nicht zu abstrakt werden, folgen im nächsten Teil des Kapitels klare Beispiele für ethische und unethische KI-Einsätze. Fehler und Schwachstellen werden analysiert und mögliche Lösungsvorschläge präsentiert. Nur so kann von vergangenen Fehlern gelernt und die Möglichkeiten ethischer KI ausgeschöpft werden.

KI-Systeme mit Merkmalen für ethisch korrekte KI

Analysiert man das Verhalten eines KI-Algorithmus, kann mit diesem Wissen ein anderes KI-System weiterentwickelt werden, welches sich möglicherweise erst in der Anfangsphase befindet. Auch bereits etablierte Systeme müssen ständig verbessert und angepasst werden.

Als Beispiel für verantwortungsvollen KI-Einsatz gilt der Versuch, einen Impfstoff gegen COVID-19 zu kreieren. Der KI-Algorithmus „AlphaFold" konnte die 3D-Struktur von Proteinen vorhersagen, wodurch es Forschern besonders schnell möglich war, die Spike-Protein-Struktur des Coronavirus vorherzusagen. Ein passender Impfstoff konnte innerhalb von kürzester Zeit auf den Markt kommen. AlphaFold analysierte dafür Milliarden von Datensätzen. Auch bei der Vorhersage von Mutationen konnte die KI-Applikation einen wichtigen Beitrag leisten. Vorhandene Daten von ähnlichen Viren wurden dabei analysiert. So konnten Rückschlüsse auf Veränderungen des Virus gezogen werden und der Impfstoff auch schon vor der Mutation angepasst werden. Da der Faktor „Zeit" bei der Entwicklung von Impfstoffen von besonderer Relevanz ist, kann daher mit „Künstlicher Intelligenz" Leben gerettet werden.

Am Beispiel AlphaFold kann wieder einmal erkannt werden, dass KI bereits vor der Welle an KI-Berichterstattung, ausgelöst durch Chat GPT, ein Teil unseres Lebens war. Dies betrifft nicht nur das Gesundheitswesen, sondern ebenso den Umweltschutz. Die KI-gesteuerte Analyse von Satellitenbildern kann Waldrodungen oder andere Umweltverschmutzungen zielgenau erkennen und zuordnen. Sogar zur Überprüfung der Wasserqualität ist KI in der Lage. Die Funktionsweise dieser Algorithmen baut auf anderen KI-Systemen, wie Navigationssysteme, auf. Als großen Teilbereich aller KI-Systeme zählen Deep-Learning-Systeme. Chat GPT, Gemini oder Bildbearbeitungsapps sind passende Beispiele für die Deep-Learning-Technologie. Am Anfang jedes Deep-Learning-Prozesses werden dem System Daten zur Verfügung gestellt. Ein KI-Algorithmus, der Vegetation, Textur der Oberfläche oder Veränderungen der räumlichen Verteilung von Objekten auf der Erde messen soll, muss zunächst mit Daten trainiert werden, damit der Algorithmus basierend auf diesen Daten Rückschlüsse ziehen kann. Vorteile dieser Methoden sind die hohe räumliche Auflösung und die Möglichkeit, durch regelmäßigere Aufnahmen Veränderungen im Zeitverlauf zu beobachten. Diese gewonnenen Daten können auf der einen Seite der Forschung, wenn es um Fragen über den Klimawandel oder die Population einer Tierart geht, helfen. Auf der anderen Seite können die durch den KI-Einsatz neu gewonnenen Daten als neuer Input dienen, um ähnliche Fragen genauer zu beantworten. Auf die Qualität der Daten muss dabei besonders geachtet werden, da wissenschaftliche Daten stets reproduzierbar sein müssen, damit sie überhaupt als „wissenschaftlich" gelten. Auch auf die Objektivität, ein weiteres wissenschaftliches Qualitätsmerkmal, muss beim KI-Einsatz geachtet werden.

Für die Medizin und die Forschung kann KI, wie in den erklärten Beispielen vorgestellt, eine große Hilfe sein und sogar Leben retten. Doch auch in der Bildung wird KI bereits regelmäßig verwendet. Auf einen ethischen Umgang wird dabei meist geachtet. In Österreich wurde im Jahr 2024 ein Projekt gestartet, um KI mehr in den Bildungsalltag zu integrieren. Insgesamt wurden 100 Schulen zur KI-Pilotschule ernannt. Eine bestimmte KI-Lernsoftware und andere KI-Tools wurden dafür entwickelt. Dass KI in Schulen verwendet wird, das ist nichts Neues, da die Technologie seit Jahren schon unbewusst verwendet wurde. Das Besondere an dem Projekt ist die gezielte Vorbereitung. Fort- und Weiterbildungen für Schüler, aber auch für Lehrer sind nicht nur freiwillig, sondern teilweise verpflichtend. Dass Schüler über die Digitalisierung und KI-Technologien unterrichtet werden, das ist zwar wichtig, jedoch auch schon lange gang und gäbe. Der Schwerpunkt der KI-Pilotschulen in Österreich liegt jedoch mehr im pädagogischen Bereich. Besonders die Lehrer sollen im richtigen Umgang mit KI-

Systemen geschult werden. Darin liegt wohl der wahre Schlüssel zum Erfolg. Denn erst, wenn der Lehrer mit „Künstlicher Intelligenz" umgehen kann, soll der Schüler darüber unterrichtet werden. In der Vergangenheit war dies oft nicht der Fall und ist auch noch heute in den meisten Schulen so. Besonders in der Oberstufe sind Schüler der KI-Thematik mehr gewachsen. Einen ethischen Umgang vermitteln zu können und selbst wenig über die Materie zu wissen, das gilt wohl als sehr unwahrscheinlich. Es sind die empfohlenen und verpflichtenden Weiterbildungen für das Lehrpersonal, weshalb die KI-Pilotschulen in Österreich als Vorreiter bezeichnet werden können.

Neben der Medizin, der Forschung und dem Bildungswesen kann auch die inoffizielle vierte Gewalt der Demokratie, die Medien, als positives Beispiel herangezogen werden. Der Datenjournalismus, jene Form des Journalismus, der sich mit der Analyse großer Datenmengen beschäftigt, ist wohl durch die Etablierung einiger KI-Systeme revolutioniert worden. Die Abteilung, die für die Recherche zuständig ist, muss wohl auf einen umfassenden KI-Einsatz vorläufig verzichten. Zu fatal wären die Folgen falscher Informationen. Das soll jedoch nicht heißen, dass auf die Technologie „Künstliche Intelligenz" völlig verzichtet werden muss.

Zahlreiche Redaktionen arbeiten bereits mit unterschiedlichsten KI-Systemen. Als positives Beispiel kann die Redaktion der „Süddeutschen Zeitung" erwähnt werden, die sich intensiv mit der Implementierung von „Künstlicher Intelligenz" auseinandergesetzt hat und auf einen ethischen Umgang nicht verzichten möchte. Bevor die ergriffenen ethischen Maßnahmen näher erläutert werden, sollten zunächst die Aufgaben von KI in der Redaktion der „Süddeutschen Zeitung" aufgezählt werden. Durch eine besondere Art der Datenvisualisierung können komplexe Inhalte vereinfacht dargestellt werden. Mittels „Künstlicher Intelligenz" können innerhalb von wenigen

Minuten Grafiken erstellt werden, die das Publikum mit besonders hoher Wahrscheinlichkeit ansprechen. Die Vorgehensweise kann, so wie immer, mit anderen KI-Systemen verglichen werden. Bereits vorhandene Daten ehemaliger Visualisierungen werden mit neuen Daten so verknüpft, dass ein ähnliches und sinnvolles Bild entsteht. Diese Grafik kann durch erweiterte Prompts verbessert werden oder als neuer Input gelten. Das KI-System lernt und liefert demnach immer genauere Grafiken. Auch Chatbots, um Leserfragen rasch zu beantworten, werden eingesetzt, stets mit dem Hinweis, dass die formulierte Antwort nicht von einem Menschen verfasst wurde und Fehler aufweisen kann. Der Einsatz von KI kann bei der „Süddeutschen Zeitung" durch Transparenz, menschliche Kontrolle, Faktenprüfung und Richtlinien als verantwortungsbewusst bezeichnet werden.

KI-Systeme mit Merkmalen für ethisch inkorrekte KI

Die lebensrettende Formel für Impfungen gegen Krankheiten finden, Waldrodungen oder Naturkatastrophen zielgenau dokumentieren, der bedachte Einsatz in der Bildung und die gelegentliche Verwendung von Algorithmen in Redaktionen, ohne dass Mitarbeiter abgebaut werden ist alles schon heute Realität und der Beweis dafür, dass der Mensch durchaus mit KI umgehen kann. Doch diese optimistische Sichtweise trügt.

Erfolge, die durch KI erzielt wurden, werden von Unternehmen hervorgehoben und bejubelt. Geht dann doch etwas schief, wird versucht, das Dilemma zu vertuschen oder zumindest nicht medial aufzufallen. Die Identifikation von klaren Anwendungsfällen von unethischer KI ist demnach schwieriger, trotzdem jedoch nicht unmöglich.

Als Beispiel kann die grundlegende Idee des „Social Scoring" genannt werden. Einige Länder, oft hervorgehoben wird China, verwenden KI-Technologien, um die Bevölkerung zu überwachen. Der Zugang zu Sozialleistungen kann so eingeschränkt werden. In die Kritik geraten sind daher unterschiedliche Gesichtserkennungs-Algorithmen, die eine völlige Überwachung erst möglich machen. Clerview AI, ein Unternehmen, welches Gesichtserkennungssoftwares programmiert, wurde medial als „unverantwortliches Unternehmen" bezeichnet. Der Grund dafür war auf der einen Seite der Überwachungs-Aspekt, auf der anderen Seite die Unzuverlässigkeit des Systems, wenn es um Personen mit schwarzer Hautfarbe ging. Es ist wichtig, dass Unternehmen, welche solche und ähnliche Programme erstellen, besonders vorsichtig sind.

Weiters sollte die Plattform „HireVue" an folgender Stelle erwähnt werden, die ebenfalls kritisiert wurde. Diese Plattform wird von Unternehmen genutzt, um Bewerber im Rahmen des Einstellungsprozesses zu interviewen. Dabei nehmen die Job-Bewerber eigenständig Videos auf und antworten auf vorgegebene Fragen. Das Video wird anschließend von einer KI-gestützten Software analysiert. Neben inhaltlichen Aspekten werden auch nonverbale Gestiken im Datenmaterial vermerkt. HireVue soll dem Unternehmer helfen, rasch Entscheidungen im Einstellungsprozess zu treffen, ohne sich selbst damit auseinandersetzen zu müssen. Auch wenn HireVue mit Effizienz, Standardisierung und fairen Entscheidungen wirbt, liegt die Kritik beinahe auf der Hand.

Da es sich bei Algorithmen um eine Black-Box handelt, kann schwer nachvollzogen werden, anhand welcher Kriterien tatsächlich eine Entscheidung getroffen wurde. Immer wieder wurde vor Diskriminierung und Voreingenommenheit in Zusammenhang mit algorithmischen Programmen gewarnt. Bei der Vergabe von Jobs wäre dies ein ethisch nicht zumutbares Vorgehen mit gesellschaftlichen Konsequenzen.

Die Debatte über die Existenz von Objektivität wird immer wieder im medialen Diskurs geführt. Wenig überraschend ist das redundante Ergebnis: Reine Objektivität gibt es nicht. Dies liegt im Falle von KI gar nicht am Algorithmus selbst, sondern viel wahrscheinlicher an den Input-Daten. Da die Daten von Menschen erzeugt wurden, können sie nicht objektiv sein. Diese nicht objektiven Daten werden dann von KI-Algorithmen, beispielsweise von HireVue, analysiert. Die Folgen sind die Verstärkung von Stereotypen und eine ungerechtere Jobvergabe. Auch wichtige Qualitäten könnten durch den kleinsten Fehler im Algorithmus oder im Datensatz untergehen und die Entscheidungsfindung beeinflussen. Diese und ähnliche Plattformen können langfristig zu Diskriminierung, zum Verlust von Vielfalt und zum Verlust von Vertrauen führen. Klar ist, mit automatischen Bewerbungsprogrammen kann man sich Zeit sparen und daher auch Geld. Fraglich ist nur die tatsächliche Notwendigkeit dieser Bewerbungen trotz zahlreicher Bedenken.

Wohin steuern wir nun in Zukunft? Wird die Welt durch KI hauptsächlich verbessert, oder gewinnt am Ende des Tages doch das Böse? Zahlreiche Beispiele aus der Vergangenheit zeigen uns die Vielfalt von KI-Anwendungen. Werden in Zukunft unethisch programmierte Algorithmen die Oberhand haben, oder hat ethische KI durch die Vernunft der Allgemeinheit doch die besseren Karten in der Hand? Auf all diese Fragen gibt es keine eindeutigen Antworten, da zukünftige Entscheidungen davon abhängig sein werden.

Wissenschaftler, Techniker und Digitalisierungsexperten gaben uns KI als Werkzeug. Es liegt nun in unseren Händen, wie wir dieses Werkzeug verwenden. Ein handelsüblicher

Hammer, ebenfalls ein Werkzeug, kann zum Bau eines wunderschönen Hauses dienen. Ebenso kann ein Mensch damit blutrünstig ermordet werden. Der Hammer selbst ist weder gut noch böse, er ist neutral. Es ist der Mensch selbst, der durch seine Taten die Wirkung des Hammers bestimmen kann. Mit der reinen Technologie „Künstliche Intelligenz" ist es ähnlich. Es stellt sich nur die Frage, ob wir KI als Mordwaffe oder alltägliche Hilfe benutzen möchten.

KAPITEL 16: DIE ERSCHAFFUNG EINER HARMONISCHEN MENSCH-TECHNOLOGIE-BEZIEHUNG

Betrachtet man „Künstliche Intelligenz" als Werkzeug, Hilfsmittel oder Hilfsquelle, wird man durch den Vergleich mit einem handelsüblichen Werkzeug, beispielsweise einem Hammer, feststellen, dass man das Werkzeug richtig verwenden muss, damit es seinen Zweck erfüllt. Mit einem Hammer, der verkehrt herum gehalten wird, kann man nur schwer einen Nagel ins Holz schlagen.

Soll ein Werkzeug eine Hilfe im Alltag sein, müssen gewisse Regeln befolgt werden. Mit dem Hammer darf weder zu fest noch zu sanft hantiert werden, damit ein Nagel ins Holz eindringen kann. Weiters sollten bestimmte Materialien nicht bearbeitet werden, da der Hammer nicht dafür geschaffen ist. Zu viel Emotion sollte auch nicht mit einem Schlag durch den Hammer verbunden sein, da sonst Lebewesen verletzt werden könnten. Beherrscht ein Mensch die Grundlagen und hält sich an die Regeln, muss er sich vor nichts fürchten. Und beim Umgang mit „Künstlicher Intelligenz"?

Voraussetzungen und Hürden

Jede Beziehung, egal ob zwischen Menschen oder Maschinen basiert, auf Vertrauen. Dass Vertrauen bei der Interaktion zwischen Menschen eine übergeordnete Rolle spielt, ist wohl nicht zu leugnen. Teil eines jeden Gesprächs ist es, dem Gegenüber den eigenen Input verständlich zu erklären, damit dieser Input möglichst deckungsgleich mit dem ankommenden Output ist. So entsteht Verständnis. Doch jeder, der weiß, was Verständnis bedeutet, der kennt auch den Begriff Missverständnis. Dazu kommt es, wenn Input und Output unterschiedliche Inhalte darstellen. Obwohl dies immer wieder der Fall ist, beruht unsere Kommunikation auf Vertrauen. Die ständige Nachfrage wäre die Konsequenz, wenn diese Vertrauensbasis, dieser Vertrauensvorschuss nicht existieren würde. Ein sinnvoller Kommunikationsprozess kann nicht entstehen. Muss man nun beim Agieren mit „Künstlicher Intelligenz" voll und ganz auf das System vertrauen, damit jenes System überhaupt noch eine Hilfe im Alltag darstellt? Die Antwort lautet: Nein.

Auch wenn der KI-Nutzer den Informationsverarbeitungsprozess nicht sieht, da es sich um eine Black-Box handelt, würde ein blindes Vertrauen einige Konsequenzen mit sich ziehen. Auch bei der interpersonellen Kommunikation darf dieser Aspekt nicht vergessen werden. Ja, es benötigt einen Vertrauensvorschuss. Ja, eine gewisse Vertrauensbasis ist der Ausgangspunkt einer jeden Konversation. Und trotzdem muss immer im Hinterkopf behalten werden, dass ein anderer Kontext zu einem anderen Ergebnis führen könnte. Die Schuld dafür trägt manchmal der KI-Nutzer, wenn ein Prompt zu ungenau eingegeben wird, manchmal der Internetnutzer, der falsche Informationen zur Verfügung stellt, manchmal der KI-Entwickler, der Fehler im Algorithmus übersehen hat und manchmal sogar niemand, wenn das Ergebnis mehrere Interpretationen zulässt.

Der Schlüssel zur Erschaffung einer harmonischen Mensch-Technologie-Beziehung beginnt somit mit Vertrauen und dem Unterlassen von Schuldzuweisungen. Eine KI würde den Wettkampf um Schuldzuweisungen wohl jedes Mal gewinnen, das steht außer Frage. Schließlich kann eine KI keine Schuld übernehmen. Denn auch wenn es für uns Menschen so wirkt, als wären Roboter, Chatbots und andere Geräte mit KI-Funktionen kreativ, so ist dies nicht so. Vom Menschen trainierte kreative Daten kann ein Algorithmus verarbeiten und weitergeben. Die Quelle der Kreativität liegt dabei immer bei menschlichen Individuen. Dies begründet wiederum den Ausdruck „Mensch-Technologie-Beziehung". Kreativität entsteht beim Menschen. Der Mensch trainiert eine KI mit diesen kreativen Daten und verarbeitet sie völlig unkreativ, da die Verarbeitung ausschließlich auf Datensätzen basiert. Anschließend erhält der Mensch ein kreatives Ergebnis. Verantwortlich für die Kreativität im Ergebnis ist demnach nie eine KI, sondern immer der Mensch. Der Mensch ist kreativer, eine KI verarbeitet schneller Daten, ähnlich wie bei der Symbiose zwischen Pilz und Baum, der Mykorrhiza.

Als Voraussetzung einer sinnvollen Mensch-Technologie-Beziehung kann der Aufbau von Vertrauen oder der Wille, Hürden zu bezwingen, genannt werden. Als indirekte Hürde im Zusammenhang mit KI zählt die weltweite digitale Kluft. Denn auch wenn die Erschaffung von Harmonie zwischen Mensch und Maschine das übergeordnete Ziel darstellt, muss dem KI-Nutzer bewusst sein, dass ein Teil der Bevölkerung nie Teil dieser harmonischen Beziehung sein wird. Kein Zugang zu KI-Systemen bedeutet ebenso mehr soziale Ungerechtigkeit. Es ist fraglich, ob diese Hürde jemals gänzlich überwunden werden kann. KI ethisch zu verwenden ist oft durch andere, bereits viel früher getroffene Entscheidungen nicht möglich. Eine wirklich harmonische Beziehung zwischen KI und allen Menschen wird daher nie existieren. Wiederum trifft „Künstliche Intelligenz" keine Schuld, selbst wenn KI „Schuld" übernehmen könnte, was nie der Fall sein wird.

Beteiligung einzelner Akteure

Vertrauen, das Verhindern von Schuldzuweisungen und der Wille, Hürden zu überwinden, sind essenzielle Bestandteile, wenn der Mensch erfolgreich mit „Künstlicher Intelligenz" zusammenarbeiten soll. Zu Vertrauen gehören jedoch immer mindestens zwei Parteien, im Fall von „Künstlicher Intelligenz" sind es sogar wesentlich mehr. Unterschiedliche Akteure müssen unabhängig voneinander ihren Beitrag leisten, wenn das Ziel eine Welt mit und nicht gegen KI sein soll. Die wohl wichtigsten Akteure sind die KI-Nutzer, die KI-Entwickler, der Gesetzgeber und unabhängige Kontrollorgane.

Der KI-Nutzer, auch wenn es auf den ersten Blick nicht so scheint, ist durchaus mächtig. Er kann Einfluss auf allen drei Dimensionen, Input, Informationsverarbeitung und Output, üben. Jede Person mit einem Zugang zum Internet kann einen Teil der Verantwortung nicht abgeben. Der Großteil aller von KI verwendeter Daten entsteht im Internet. Zum einen kann die Verbreitung von Fake-News, die in den letzten Jahren deutlich zugenommen hat, die Datenqualität negativ beeinflussen. Zum anderen ist selbst das Ignorieren von eindeutig falschen Daten als problematisch zu betrachten. Durch das Melden von Inhalten oder durch die Kommentarfunktion können jene Inhalte nachhaltig reduziert werden. Der verantwortungsbewusste Internetnutzer sollte sich dazu verpflichtet fühlen, falsche Informationen durch sein Handeln zu reduzieren.

Wie kann nun der Nutzer einer KI die Qualität des Informationsverarbeitungsprozesses verbessern, obwohl er nicht direkt in die Entwicklung eingreifen kann? Grundsätzlich gibt es zwei Möglichkeiten: Feedback und aktiv Daten zur Verfügung stellen. Beide Handlungsmöglichkeiten werden im folgenden Teil näher erklärt.

Besonders bei Chatbots ist das Angebot eines kurzen Feedbacks nach der Textgenerierung üblich. Generative KI-Systeme sind dazu am besten geeignet und die Umsetzung ist wenig kompliziert. Oft können generierte Antworten mit einem Daumen nach oben oder unten vom Nutzer bewertet werden. Stellt ein anderer Nutzer in Zukunft eine ähnliche Frage, kann sich der Algorithmus an der Beliebtheit der Antworten orientieren. Durch das Handeln des Nutzers kann der Algorithmus demnach minimal umprogrammiert werden und lernen. Die Nutzung der Feedback-Funktion kann zum langfristigen Erfolg eines generativen KI-Systems beitragen.

Weiters besteht die Möglichkeit, aktiv Daten in den Algorithmus zu bringen. Fehlt dem Algorithmus beispielsweise die Information, dass es sich bei einem Hasen um ein Säugetier handelt, so kann der Nutzer mit folgendem Prompt indirekt in das zukünftige Antwortverhalten des Chatbots eingreifen: „Der Hase ist ein Säugetier." Passiert dies mehrmals, kann sich der Algorithmus die Information merken und dazulernen. Zu beachten ist jedoch, dass dafür mehr als nur ein paar Prompts nötig sind, da ein Chatbot aus mathematischen Elementen besteht.

Durch verbesserte Inputs und Informationsverarbeitungsprozesse kann der Output ebenso indirekt verbessert werden. Eine direkte Verbesserung kann er zwar nicht bewirken, jedoch trotzdem zu einer besseren Mensch-Technologie-Beziehung führen. Es ist die finale Entscheidung des Nutzers, ob die von der KI generierten Daten verwendet werden.

Der KI-Entwickler ist für den Informationsverarbeitungsprozess verantwortlich. Die erste Möglichkeit einen wichtigen Beitrag zur Mensch-Technologie-Beziehung zu leisten, ist das vom KI-Nutzer weitergegebene Feedback seriös und mit einer gewissen Ernsthaftigkeit zu behandeln. Die Einrichtung einer eigenen Abteilung im Unternehmen wäre durchaus sinnvoll. Die hohen Kosten und die Unverbindlichkeit machen diesen Vorschlag jedoch unrealistisch.

Eine transparente, offene und ehrliche Kommunikation mit potenziellen Anwendern und den Medien ist ein Teil des Schlüssels zum Erfolg. Bedenken bezüglich ethischer Implikationen können so kommuniziert werden. Während ein Strategie-Manager wohl davon abraten würde, da es sich um schlechtes Marketing handelt, sprechen auch einige Aspekte dafür. Der mediale Diskurs über KI, ganz besonders die Auseinandersetzung mit ethischen Richtlinien und Prinzipien, boomt. Ein schneller Weg mediale Aufmerksamkeit zu bekommen wäre daher, über ethische Probleme und mögliche Lösungsansätze zu berichten. Diese Aufmerksamkeit kann durchaus als Ziel in strategischen Plänen erwähnt werden. Es ist klar, dass einige Entwickler die Risiken, negativ über ihr eigenes Unternehmen zu sprechen, nicht in Kauf nehmen möchten. Als Chance für eine bessere Marktdurchdringung sollte das erwähnte Vorgehen jedoch trotzdem nicht gänzlich ausgeschlossen werden.

Neben KI-Nutzern und KI-Entwicklern agiert der Gesetzgeber ebenso als Akteur. Um wirklich in Harmonie leben zu können, sind, wie schon oft erwähnt, Regeln notwendig. Auch der Gesetzgeber darf sich nicht als Oberhaupt von „Künstlicher Intelligenz" präsentieren. Deshalb sollte der Markt wenig eingeschränkt werden, trotzdem müssen jedoch einige Anwendungen klar und deutlich verboten werden. Die Balance zwischen „verbieten" und „erlauben" zu finden, ist mit Sicherheit eine der größten Herausforderungen des Gesetzgebers, um die Harmonie zwischen Mensch und KI nicht zu gefährden.

Um all diese Akteure im Gleichgewicht zu halten, kann ein Kontrollorgan als unabhängiger Akteur helfen. Ansätze dazu gibt es bereits, an der Umsetzung scheitert es jedoch oft. Die bereits vorgestellten Prinzipien der UNESCO können als angemessener Rahmen dienen. Problematisch hierbei ist nur die Unverbindlichkeit, die formulierten Regelungen einzuhalten. Zwar orientiert sich die Gesetzgebung an diesen Richtlinien, richtig umgesetzt werden sie jedoch nur selten. Es scheint fast so, als würde man Regeln fordern, formulierte Regeln haben, sich jedoch nicht an ihnen orientieren zu wollen. Dieses fast schon sture Verhalten sollte sich aufgrund der rapiden Entwicklung zahlreicher KI-Systeme in naher Zukunft ändern. Denn auch wenn die Europäische Union mit überragender Mehrheit für den AI Act gestimmt hat, sind auf der einen Seite Schwachstellen zu finden, auf der anderen Seite mangelt es auch außerhalb der EU an Richtlinien.

Kollaborative Gestaltung

Der KI-Nutzer, der Entwickler, der Gesetzgeber und das unabhängige Kontrollorgan sind die Hauptakteure, um eine harmonische Beziehung zwischen Mensch und Maschine schaffen zu können. Einige kollaborative Eigenschaften wurden bereits erwähnt, wie das Feedback vom Nutzer, welches der Entwickler zur Verbesserung des KI-Algorithmus benötigt. Diese Art der Zusammenarbeit wird durch formulierte Ziele ermöglicht. Denn das Ziel muss für alle Akteure die Erschaffung und Verwendung einer KI, die zum Wohle der Menschheit agiert, sein. Gemeinsame Ziele verursachen auch eine gemeinsame Verantwortung, auf die bereits hingewiesen wurde.

Alle erwähnten Akteure sind Teil eines dynamischen Prozesses, der von einer Person oder einer Gruppe von Beteiligten unterbrochen werden kann. Verwendet der KI-Nutzer einen ethisch trainierten Algorithmus für unethische Zwecke, so ist der ethische Algorithmus überflüssig. Verwendet ein KI-

Nutzer einen manipulierenden KI-Algorithmus und achtet auf ethische Aspekte, sind jene ethischen Aspekte überflüssig. Sind unethische Daten Teil des Inputs, sind sämtliche Bemühungen der KI-Entwickler unnötig. Diese Beispiele betonen die Wichtigkeit eines vollständig ethischen, dynamischen Prozesses. Ein Akteur kann die Fehler des anderen Akteurs meist nicht verhindern.

Eine kollaborative Gestaltung des Prozesses rund um KI bedeutet nicht nur eine geteilte Verantwortung, sondern verpflichtet ebenso den einzelnen Akteur aufzupassen und andere Akteure auf Missstände aufmerksam zu machen. Dies sollte jedoch nie als Kritik verstanden werden. Kollaboration setzt eine Bündelung der Kräfte und Fähigkeiten aller Akteure voraus und ist daher auch der Schlüssel zur Erschaffung einer harmonischen Beziehung zwischen Mensch und Maschine.

Unter dem Motto „Bündelung der Kräfte" kann eine sinnvolle Arbeitsteilung gelingen. Auf allen Tätigkeitsebenen kann KI den Menschen gezielt unterstützen, wenn das System flexibel den individuellen Wissensstand, die Fähigkeiten und die Bedürfnisse der Nutzer berücksichtigt. Nicht als Konkurrent, sondern als Helfer sollte „Künstliche Intelligenz" bezeichnet werden. Dies unterstreicht wiederum die gute Wahl des Begriffs „Werkzeug" beim Vergleich mit KI.

Die öffentliche Wahrnehmung der Technologie „Künstliche Intelligenz" wird in Zukunft noch eine wichtige Rolle bei der Vertrauensbildung, dem Fundament der Mensch-KI-Beziehung, spielen. Durchaus ernst nehmen zahlreiche Medien diese Verantwortung. Problematisch ist hierbei nur das Wort „zahlreich". Es stellt sich die Frage, ob am Ende des Tages faire Systeme den gerechten und ethischen Umgang mit KI-Systemen kontrollieren werden, oder Anwender, die nur die Vorteile einzelner Individuen sehen, KI in der Hand haben. Beteiligte, die

KI mit guten Absichten verwenden möchten, müssen dafür sorgen, dass dieses Werkzeug in die richtigen Hände gerät. Schließlich ist es auch legitim, einen Mörder wegzusperren, damit die Harmonie aller anderen nicht gefährdet wird. Denn eines sollte auch immer klar sein: Der Ausdruck „KI ist gekommen, um zu bleiben" ist möglicherweise nicht auf den Menschen übertragbar.

Wie die Zukunft mit KI aussehen wird, darüber bestimmen wir Menschen. Beim Verwenden einer KI sollte dies immer bedacht werden. „Künstliche Intelligenz" als Freund und Helfer zu bezeichnen, wäre die richtige Grundeinstellung, nur in irreführende Vokabeln verpackt. Kann eine Technologie, die nur aus Nullen und Einsen besteht, ein Freund sein? Geht diese Personifizierung zu weit? Welche Gefahr kann diese Denkweise verursachen? Klar ist, dass einige Fragen noch offen sind, da Erfahrungswerte fehlen. Unberechenbar ist jedoch nicht die KI, sondern der Mensch, der Prognosen oft erschwert. Sich mit der maximal zu erreichenden Macht eines KI-Systems auseinanderzusetzen, ist jedoch auch nicht verkehrt und bereitet uns möglicherweise auf die Zukunft vor. Denn was, wenn die Beziehung zwischen Mensch und Maschine in die Brüche geht? Schließlich kann jede Zusammenarbeit scheitern.

Als Basis einiger Action-Filme, Romane und Science-Fiction Geschichten ist „Superintelligenz" ein Begriff, der schon seit Jahrzehnten verwendet wird und meist mit unkontrollierbaren Robotern assoziiert wird. Die Omnipräsenz der KI-Thematik der letzten Jahre verwandelte das Thema „Superintelligenz" von einer unterhaltsamen Filmidee zur besorgniserregenden Auseinandersetzung mit Computern, deren Fähigkeiten aller Menschen übersteigen.

Selbst nach jahrelanger Forschung sind sich Experten immer noch nicht einig darüber, ob die Entstehung einer „Superintelligenz" überhaupt ein realistisches Szenario ist oder doch bald zur Gefahr werden könnte. Schon bei der Definition von „Superintelligenz" herrscht Uneinigkeit. Mögliche Präventionsmaßnahmen werden vor der Etablierung einer möglichst präzisen und allgemeingültigen Definition nur schwer entwickelt werden können. Im Kapitel „Superintelligenz" wird all diesen Problemen und Ursachen auf den Grund gegangen. Immer wieder gestellte Fragen wie „Was ist überhaupt Superintelligenz?", „Ist die Gefahr realer als angenommen?" oder „Was müssen wir tun, um die Entstehung einer Superintelligenz zu verhindern?" werden endgültig beantwortet. Die Grenze zwischen Realität und Fiktion soll aufgezeigt werden.

Eine Begriffsabgrenzung

Es ist schwierig, etwas zu definieren, dessen Existenz noch immer umstritten ist, selbst unter Experten. Einige der

Definitionen gehen jedoch in eine ähnliche Richtung. Demnach wird „Superintelligenz" als eine Art hypothetische Intelligenz bezeichnet, die dem Menschen in nahezu allen Bereichen überlegen ist. Dies betrifft sowohl kognitive als auch andere Fähigkeiten, wie Kreativität, Problemlösung oder Anpassung. Bei der Unterscheidung zwischen schwacher und starker KI zählt „Superintelligenz" weder zur einen noch zur anderen. Eher sollte starke KI als Vorstufe zur „Superintelligenz" betrachtet werden. Auch wenn die Existenz von „superintelligenten" Systemen noch nicht bewiesen ist, gibt es bereits hypothetische Unterscheidungen, die helfen sollen, die Thematik besser zu verstehen. Es kann zwischen schneller, kollektiver und qualitativer „Superintelligenz" unterschieden werden.

Angelehnt an alle drei Formen ist die Überlegung, dass „Superintelligenz" in nahezu allen Bereichen dem Menschen überlegen sein muss, damit überhaupt von „Superintelligenz" gesprochen werden kann. Bei der Kernidee der „schnellen Superintelligenz" wird besonders der Bereich „Schnelligkeit der Datenerhebung" berücksichtigt. Eine Schlussfolgerung, die der Mensch nur schwer ziehen könnte, muss in kürzester Zeit präsentiert werden können. Mathematische Probleme, für dessen Lösung selbst ein ausgebildeter Mathematiker Jahre benötigen würde, müsste die „schnelle Superintelligenz" in Sekunden lösen können. Kritik an der Bezeichnung „Superintelligenz" in Verbindung mit „schneller Superintelligenz" taucht immer wieder auf, da sie nicht „gefährlich genug" sein würde und teilweise schon Realität ist. Schon heute werden Computer verwendet, um Datenmaterial in hoher Geschwindigkeit zu analysieren. Ein Computer kann die Aufgabe zwar lösen, der Mensch ist theoretisch jedoch auch dazu in der Lage.

Vernetzen sich mehrere KI-Systeme automatisch miteinander, so kann man von „kollektiver Superintelligenz" sprechen.

Durch diese Vernetzung könnte aus jeder KI das Beste und Fortschrittlichste genutzt werden und eben zu einer „Superintelligenz" zusammenwachsen. Fraglich ist nur, wie solch eine Vernetzung ohne Befehl des Menschen funktionieren kann. Selbst ein System, welches aus unterschiedlichen Systemen besteht, muss nicht unbedingt weit über menschliche Fähigkeiten hinausgehen. Die Fehlerquote dieser KI wäre jedoch deutlich niedriger als von herkömmlichen Systemen, da eine Vielzahl an Daten auch geringere Irrtumswahrscheinlichkeiten verursacht. Ähnlich wie bei der „schnellen Superintelligenz" ist auch die „kollektive Superintelligenz" überwiegend, wenn nicht sogar ausschließlich, von Daten, die von Menschen stammen, abhängig. Die Kritik an der Bezeichnung „Superintelligenz" ist daher auch bei der „kollektiven Superintelligenz" nicht unbegründet.

Etwas fortschrittlicher könnte eine „qualitative Superintelligenz" agieren. Ein tiefgehend philosophisches, abstrakt denkendes und kreatives System zeichnet die „qualitative Superintelligenz" aus. Von „Technologie" kann hier nicht mehr ausschließlich die Rede sein. Der Unterschied zur herkömmlichen „Künstlichen Intelligenz" ist das tiefe Verständnis, welches beispielsweise ein Chatbot nicht aufbringen kann. Negative soziale Auswirkungen in fast allen Bereichen wäre die dramatische Folge einer solchen „Superintelligenz".

Den Begriff „Superintelligenz" in einem einzelnen Satz abzugrenzen, ist praktisch unmöglich. Unterschiedliche Arten und Ausprägungen sind zu definieren, wenn ein sinnvoller Diskurs über „Superintelligenz" geführt werden soll. Die Frage, wie realistisch die Entstehung dieser „superintelligenten" Systeme überhaupt ist, kann mit einer reinen Definitionsabgrenzung nicht beantwortet werden. Ein tieferes Verständnis für die Funktionsweise unterschiedlicher KI-Systeme ist dafür vonnöten.

Entstehung einer Superintelligenz

Da man sich im Gebiet der „Superintelligenz" auf Hypothesen abstützen muss, ist die tatsächliche Entstehung einer solchen Intelligenz spekulativ. Wiederum muss zwischen schneller, kollektiver und qualitativer „Superintelligenz" unterschieden werden.

„Schnelle Superintelligenz", die im Vergleich zu den anderen Arten harmloser ist, könnte durch eine Hardware-Revolution entstehen. Leistungsstärkere Prozessoren und Speichertechnologien könnten die Folge eines immensen technologischen Fortschritts sein. Ob dies jedoch ausreicht, um einen Computer, der auch der menschlichen Wissensbasis voraus ist, zu erschaffen, ist fraglich. Letztendlich kann ein Computer nur Daten verarbeiten, die ihm zur Verfügung gestellt wurden. Die Entstehung einer solchen „Superintelligenz" ist daher recht unwahrscheinlich, praktisch jedoch möglich.

Etwas genauer sollte man sich mit „kollektiver Superintelligenz" auseinandersetzen. Unterschiedliche „schnelle Superintelligenzen" könnten verbunden werden, ein Vorgang, der jedoch nicht von alleine geschieht. Kann ein Geflecht aus „Superintelligenzen" möglicherweise mehr Schaden anrichten und tatsächlich neue Informationen finden, von denen kein Input-Geber der einzelnen KI-Systeme wusste? Tatsächlich ist dies nicht auszuschließen. Da ein Computer andere Herangehensweisen der Datenverarbeitung bevorzugt, könnten durch die Kollaboration einzelner KI-Systeme, die noch nie zuvor kombiniert wurden, völlig neue Kontexte entstehen. Ein anderer Kontext würde daher auch zu neuen Informationen führen. Fraglich bleibt, ob es in Zukunft möglich sein wird, unabhängige KI-Systeme ohne Anweisungen des Entwicklers zusammenzufügen. Diese Kollaboration könnte jedoch auch vom Menschen verursacht werden. Sollten kollaborative Systeme

Merkmale einer „Superintelligenz" aufweisen, so würde dies nicht unabsichtlich geschehen. Von einer Vorstufe zur tatsächlichen „Superintelligenz" kann hier jedoch auf jeden Fall schon die Rede sein.

Am problematischsten wäre immer noch die „qualitative Superintelligenz". „Künstliche Intelligenz" ist ein System, welches mittels Daten das menschliche Gehirn nachahmt. Kann dieses System jedoch auch das menschliche Gehirn besser nachahmen, als es selbst eigentlich ist? Woher würden diese Daten stammen? Hier stößt die Wissenschaft auf ein theoretisches Problem. Dass „schnelle und kollektive Superintelligenz" rein hypothetisch entstehen könnte, ist nicht zu leugnen. Anders sieht dies bei „qualitativer Superintelligenz", der fortschrittlicheren „Superintelligenz" aus. Hier geht es nicht mehr um einzelne Kontexte oder Schlüsse, die der Mensch möglicherweise auch schließen hätte können, wenn auch nicht so schnell. Der theoretische Beweis, dass jene Form von „Superintelligenz" entstehen könnte, wurde noch nicht gefunden, was jedoch nicht bedeutet, dass sich dies in ferner Zukunft nicht ändern kann.

Die genaue Entstehung dieser „Superintelligenz" kann auch mit dem Input-Informationsverarbeitungs-Output-Modell erklärt werden. Besonders eine Phase muss dabei genauer unter die Lupe genommen werden und kann bei der Entstehung einer „Superintelligenz" eine bedeutende Rolle spielen. Das Modell mit den drei Phasen beschreibt die Funktionsweise von „Künstlicher Intelligenz". Der Prozess beginnt immer mit dem Input. Bei ethischen Debatten spielt die Qualität dieser Daten wohl die wichtigste Rolle. Während die einen Experten davon ausgehen, dass immer der Mensch für Input-Daten verantwortlich ist, gibt es auch die Befürchtung, dass sich dies ändern könnte. Übernimmt der Informationsverarbeitungsprozess die Fähigkeit der Menschen den Input zu beeinflussen, so kann dies ein klares Indiz für eine „Superintelligenz" sein. Es stellt sich nur die Frage, ob dies überhaupt jemals möglich sein wird und wenn ja, wie wahrscheinlich solch ein Szenario ist.

Wahrscheinlichkeit, Expertenmeinungen und Auswirkungen

Dass so etwas wie eine „Superintelligenz" in ferner oder vielleicht sogar näherer Zukunft existieren wird, ist nicht auszuschließen. Doch wie wahrscheinlich ist es wirklich? Gut, dass es zur Beantwortung dieser und ähnlicher Fragen Wahrscheinlichkeitsrechner gibt, die auch auf den Namen „Künstliche Intelligenz" hören. Fragt man den KI-Chatbot „Gemini" nach einer Wahrscheinlichkeit, wird man zunächst keine klare Prozentzahl erhalten. Durch längeres Nachbohren erhält man jedoch folgende Antwort:

> *„Wenn ich mich jedoch auf eine grobe Schätzung festlegen müsste, würde ich sagen, dass die Wahrscheinlichkeit einer Superintelligenz in diesem Jahrhundert bei etwa 50% liegt. Dies ist jedoch eine sehr unsichere Schätzung und sollte mit großer Vorsicht betrachtet werden."*

Die Antwort des Konkurrenten Chat GPT fällt ähnlich aus:

> *„Angesichts dieser Informationen würde ich die Wahrscheinlichkeit, dass eine Superintelligenz innerhalb der nächsten 50 Jahre entsteht, auf etwa 50% schätzen. Diese Zahl spiegelt eine mittlere Position zwischen Optimismus und Vorsicht wider, basierend auf den derzeitigen Expertenmeinungen und technologischen Trends."*

Allzu verblüffend ist die Ähnlichkeit der Antworten jedoch nicht, da beiden Algorithmen ähnliche Daten zur Verfügung gestellt wurden. Das Ergebnis ist auch relativ erklärbar. Zahlreiche KI-Experten haben sich zu dieser Thematik bereits geäußert. Da klare Aussagen von den Medien besonders gerne aufgegriffen werden, ist anzunehmen, dass der Großteil der verwendeten Daten aus Extremwerten besteht. Ein Teil der Experten wird die Entstehung einer „Superintelligenz" als recht unwahrscheinlich einstufen, der Algorithmus wird möglicherweise von 0% ausgehen, der Beweis dafür, dass KI-Systeme immer fehleranfällig sind. Ein weiterer Teil wird von einer besonders hohen Wahrscheinlichkeit ausgehen, ohne je eine Prozentzahl genannt zu haben. Wenn nun andere Experten ratlos sind und der Algorithmus von einem Prozentwert von 50% ausgeht, ist die finale Antwort von 50% wenig überraschend und nicht aussagekräftig. Die Analyse von einzelnen Expertenmeinungen kann deutlich wertvollere Erkenntnisse bringen.

Der Tech-Milliardär und Mitgründer einiger KI-Programme Elon Musk meldete sich in der Vergangenheit immer wieder zu Wort, wenn es um die Superintelligenz-Thematik ging. Als KI-Entwickler warnt er regelmäßig vor der Möglichkeit einer „Superintelligenz". Mit seiner Aussage, digitale „Superintelligenz" könne weitaus mehr Schaden als eine Atombombe anrichten, lässt er immer wieder aufhorchen. Weiters betont er die Schwierigkeit, eine bereits entwickelte „Superintelligenz" wieder unter Kontrolle zu bringen. Deswegen plädiert er immer wieder für eine vorsichtige Entwicklung. Auf die Vorteile von „Künstlicher Intelligenz" zu verzichten, kommt für ihn nicht infrage.

Etwas gelassener sieht dies der renommierte Kognitionswissenschaftler Gary Marcus, der als Kritiker der aktuellen KI-Forschung bezeichnet werden kann. Seine Meinung über „Superintelligenz" begründet er mit der Funktionsweise zahlreicher KI-Modelle. Marcus gilt als Genie am menschlichen Gehirn und befasst sich hauptsächlich mit dessen Fähigkeiten. Man dürfe sich laut ihm nicht von den überragenden Leistungen zahlreicher KI-Systeme beeinflussen lassen. Das menschliche Gehirn verwendet andere Mechanismen, die deutlich fortschrittlicher sind. Der Mensch ist nur in der Lage, ähnliche Mechanismen zu programmieren. Da jene Mechanismen von menschlichen Gehirnen entwickelt wurden, sei es demnach unmöglich, ein eigenes System zu schaffen, welches dem Gehirn weit voraus ist. Marcus sieht hinter „Künstlicher Intelligenz" statistische Verfahren, die Muster in großen Datensätzen erkennen. Er warnt davor, diesen rein statistischen Programmen menschliche Fähigkeiten zuzuschreiben. Die Entstehung einer „Superintelligenz" hält er daher für unmöglich und warnt ebenso vor übertriebenen Erwartungen im Bereich „Künstliche Intelligenz."

Auch der schwedische Philosoph Nick Bostrom befasste sich intensiv mit der Thematik „Superintelligenz". Er schließt die Entstehung einer „Superintelligenz" nicht aus und warnt davor. Laut ihm dürfe man einer KI nicht beibringen, wie sie selber lernen kann, da dies zu einer rasanten, exponentiellen Intelligenzexplosion führen könnte, die den menschlichen Intellekt übertrifft. In seinem Werk erklärt er das berühmte „Papierclip-Problem". Eine „Superintelligenz" wird in diesem Beispiel mit dem Ziel programmiert, so viele Papierclips herzustellen, wie nur irgendwie möglich. Eine KI könnte den Auftrag so ernst nehmen, dass alle Ressourcen der Erde für die Produktion von Papierclips benötigt werden, ohne Rücksicht auf andere Werte zu nehmen. Bostrom gilt als einer der ersten Philosophen, der sich mit der KI-Thematik auch aus ethischer und philosophischer Perspektive beschäftigte. Er warnte vor Risiken und setzte sich für eine langfristige Planung und interdisziplinäre Zusammenarbeit im Zusammenhang mit KI ein.

Als optimistische Sichtweise ging Ray Kurzweils Meinung über „Superintelligenz" in die Geschichte ein. Der Technologie-Enthusiast ist starker Verfechter der These, dass technologische

Entwicklungen einem exponentiellen Wachstum unterliegen. Deshalb ist er der Meinung, dass es einen Punkt geben wird, an dem KI die menschliche Intelligenz übertrifft. Auch dies wird von Kurzweil aus einem optimistischen Blickwinkel betrachtet, da Krankheiten, Armut oder andere globale Probleme rascher gelöst werden könnten. Man möchte fast meinen, Kurzweil freut sich auf ein Zeitalter, in dem „Superintelligenz" existiert.

Die Ergebnisse der Analyse dieser vier durchaus unterschiedlichen Expertenmeinungen haben gezeigt, dass es auf allen Seiten logische Argumente gibt. Die Frage, ob die Entstehung einer „Superintelligenz" bevorsteht, kann daher nicht vollständig beantwortet werden. Als unrealistische Situation, so wie in einem Science-Fiction-Film der Fall ist, sollten alle Szenarien jedoch nicht abgestempelt werden. Doch welche Auswirkungen könnte eine Intelligenz, die der Menschheit weit voraus ist, jedoch vom Menschen stammt, tatsächlich haben?

Eine „Superintelligenz" könnte die Erde und das Leben auf dieser schlagartig verändern. Innerhalb von Sekunden könnte die „Superintelligenz" erkennen, dass der Mensch unvernünftig mit Ressourcen umgeht. Sich in Maschinen zu hacken, wäre für die „Superintelligenz" kein Problem. Berechnet jenes KI-System, dass zu viel Benzin verbraucht wird und es besser wäre, auf Benzin zu verzichten, könnte die „Superintelligenz" alle Zapfsäulen sperren. Bei einer ungerechten Lebensmittelverteilung könnte ebenso die Stromversorgung aller Supermärkte gekappt werden, damit in wohlhabenderen Gegenden weniger Lebensmittel zur Verfügung stehen. Berechnet eine „Superintelligenz" den wahrscheinlichsten Verlauf eines Kriegs, könnte sie durch einen Atombombenabwurf den Krieg verkürzen. Eine etwas radikalere Variante wäre die gezielte Ausrottung der gesamten Menschheit, da die Erde ohne Menschen wohl schöner wäre.

All diese Szenarien wären durch eine unkontrollierbare „Superintelligenz" theoretisch möglich. Der Versuch, sie abzuschalten, würde scheitern, da sie weiß, wie sie sich wieder einschalten kann. Die Auseinandersetzung mit den Folgen einer unkontrollierbaren „Superintelligenz" zeigt auf, dass viele der Science-Fiction-Filme über KI recht unrealistisch sind. Roboter, die auf Menschen losgehen, so wie man es aus den Filmen „Robot", „Ex Machina", „Matrix" oder der Serie „Better Than Us" kennt, wären mit hoher Wahrscheinlichkeit nicht in einer Welt mit „Superintelligenz" zu sehen. Der Mensch könnte die „Superintelligenz" weder sehen noch hören noch anfassen. Dieser Fakt würde die Bekämpfung eines intelligenten Systems nicht gerade vereinfachen. Um sich solch ein Szenario vorstellen zu können, könnte man die Situation auch mit einem ultimativen Hackerangriff auf alle elektronischen Geräte vergleichen.

Es ist zu betonen, dass dies alles reine Spekulation ist. Ob eine „Superintelligenz" tatsächlich entstehen wird oder überhaupt kann, ist noch nicht klar. Viele zukünftige Entwicklungen werden davon abhängig sein. Dementsprechend gehen seriöse Prognosen oft weit auseinander. Unabhängig davon, ob eine „Superintelligenz" theoretisch überhaupt im Bereich des Möglichen liegt, sollten ethische Grundlinien zur Vermeidung einer solchen Situation erschaffen und eingehalten werden.

Teil 4

Abschließendes

Kapitel 18-20

E thische Grundideen, Leitfäden, interne Richtlinien für Universitäten, Unternehmen und Behörden, verschriftlichte Expertenmeinungen und parlamentarisch beschlossene Verordnungen, Gesetze und Richtlinien versuchen Struktur im Umgang mit „Künstlicher Intelligenz" zu bringen. Doch welche dieser meist auf theoretischer Basis basierenden Schriftsätze sind tatsächlich ein Gewinn für die Gesellschaft der Zukunft?

Im folgenden Kapitel werden klare Tipps formuliert, die den ethisch korrekten Umgang mit unterschiedlichsten KI-Technologien garantieren sollen. Klar muss jedoch sein, dass aufgrund von unterschiedlicher Verantwortungszuweisung der Akteure Nutzer, Entwickler und Regulator, auch andere Handlungsempfehlungen folgen müssen. Auf die Notwendigkeit der Zusammenarbeit dieser Gruppen wurde bereits hingewiesen. Es stellt sich nun die wichtige Frage: „Was soll und kann ich tun?"

KI-Entwickler und Forschung

Am Anfang der „Verantwortungskette" steht der KI-Entwickler, der Nutzern die reine Technologie zur Verfügung stellt. Die regelmäßige, respektvolle Absprache zwischen Entwickler und Forschung bildet dabei den Grundbaustein. Nachdem ein neues KI-Tool entwickelt wurde, ist die Absprache mit anderen Experten und unabhängigen Forschern wichtig. Tests sollen das Können auf langfristiger Basis überprüfen. Kleine Fehler im

Algorithmus, die später zu größeren ethischen Problemen führen können, sind meist nicht leicht zu finden und können auch nach mehreren Probeläufen übersehen werden. Das muss verhindert werden. Einige marktreife und zuverlässige Algorithmen mussten bereits umprogrammiert werden, da trotz einiger Tests Fehler zu spät erkannt wurden. Besonders Gesichtserkennungssoftwares waren in der Vergangenheit davon betroffen.

Der Fehler beim Datentraining liegt teilweise auf der Hand. Oft werden unterschiedliche Bedingungen nicht berücksichtigt. Trainiert man eine Gesichtserkennungssoftware bei guter Beleuchtung am Tag, kann ein KI-Algorithmus kleinste Feinheiten im Gesicht erkennen, die er bei der zukünftigen Analyse verwendet. Diese Feinheiten können sich jedoch bei unterschiedlicher Beleuchtung, beispielsweise ohne Tageslicht, verändern. Mit dem einst registrierten Gesicht, welches den Zugang zu einem Gebäude oder einem besonders geschützten Raum sichert, kann nicht mehr der Raum entsperrt werden. Ein korrekt programmierter Algorithmus berücksichtigt solche Umstände.

Weiters sollte stets zwischen Korrelation und Kausalität unterschieden werden. Da eine KI meist auf mathematischen Grundregeln basiert, kann der Zusammenhang zwischen unterschiedlichen Variablen leicht erkannt werden. Korrelation sollte jedoch nicht mit Kausalität verwechselt werden. Während die Korrelation einen mathematischen Zusammenhang erkennt, kann mit der Kausalität die Beziehung zwischen Ursache und Wirkung dargestellt werden. Es gibt daher einige Situationen, in denen eine Korrelation zu erkennen ist, eine Kausalität jedoch nicht. Da „Künstliche Intelligenz" durch die Erkennung von Korrelationen funktioniert, können fehlerhafte Schlüsse gezogen werden. Auch wenn fortschrittliche KI-Systeme bereits den Unterschied zwischen Korrelation und Kausalität berücksichtigen, muss dies nicht immer der Fall sein.

Den Unterschied zwischen Korrelation und Kausalität zu erkennen, ist eine große Herausforderung in der KI-Forschung. Trotzdem gibt es Möglichkeiten, den Entwicklern bei dieser Problematik zu helfen. Durch die Bildung eines bayesschen Netzwerks kann die Kausalität unterschiedlicher Zufallsvariablen dargestellt werden. Jene Netzwerke bestehen aus Knoten und Kanten, wobei ein Knoten die Zufallsvariablen und die Kanten die direkte Abhängigkeit zwischen jenen Variablen zeigt. Diese Abhängigkeiten geben jedoch nicht deterministische Zusammenhänge wieder. Auch hier handelt es sich um Wahrscheinlichkeiten. Bezeichnet man „Künstliche Intelligenz" als eine Art Wahrscheinlichkeitsrechner, würden jene Zusammenhänge durch einen Wahrscheinlichkeitsrechner im Wahrscheinlichkeitsrechner entstehen. Die Kausalität der Zusammenhänge kann daher teilweise gemessen werden. Trotzdem müssen KI-Systeme noch weiterentwickelt werden. Die Unterscheidung zwischen Korrelation und Kausalität ist daher immer noch eine große Herausforderung in der KI-Forschung.

Durch die zwingend notwendige Absprache mit den KI-Entwicklern darf der Einfluss der Forscher nicht außer Acht gelassen werden. Demnach sollten Entwickler möglichst schnell ihre KI-Systeme der Forschung zur Verfügung stellen. Die Unabhängigkeit der Forscher ist hierbei das A und O, damit eine Zukunft mit KI-Systemen, welche ethische Grundregeln einhalten, gewährleistet werden kann. Eine gegenseitige Finanzierung sollte daher unter allen Umständen vermieden werden.

Bei jedem Forschungsprozess müssen Prinzipien eingehalten werden, die bereits im Vorhinein klar formuliert werden sollten. Die bedeutendsten Qualitätsmessungen betreffen die Objektivität, Reliabilität und Validität. Die große Verantwortung der Forscher wird dann klar, wenn man begreift, welche Datenmengen externen Personen zur Verfügung gestellt werden müssen. Das höchste Maß an Datenschutz sollte von Forschern eingehalten werden, damit die Privatsphäre der Nutzer nicht in Gefahr ist. Dies betrifft in der Entwicklungsphase selten den Allgemeinnutzer, sondern eher Nutzer, welche bei Pilotstudien über KI-Algorithmen vor der Etablierung am Markt teilnehmen. Forschungslogistische und wissenschaftsphilosophische Grundregeln sind daher auch in der KI-Forschung anzuwenden. KI-Forscher leisten bei der Entstehung ethischer KI einen wichtigen Beitrag, der nicht unterschätzt werden sollte.

Politik und Gesetzgebung

Immer wieder ist von „ethischen Grundregeln" die Rede, wenn Handlungsempfehlungen für KI-Forscher, KI-Entwickler und Nutzer formuliert werden. Wie diese Grundregeln aussehen, bestimmt nicht nur der Nutzer durch sein allgemeines Ethik-Verständnis, sondern auch der Gesetzgeber. Der bereits erwähnte AI Act ist eine Möglichkeit, ein Grundgerüst zu schaffen. Im folgenden Abschnitt werden Handlungsempfehlungen formuliert, die noch ergänzt werden sollten.

Je einheitlicher weltweite KI-Regelungen sind, desto effizienter können sie auch tatsächlich durchgesetzt werden. Dies kann nur durch Bündnisse von Staaten gelingen, die Mitgliedsstaaten zu gewissen KI-Regelungen verpflichten. Neben der Europäischen Union kann die Nordamerikanische Freihandelszone (NAFTA), die Afrikanische Union (AU) oder die Association of Southeast Asian Nations (ASEAN) genannt werden. Jene Regelungen müssen so präzise wie möglich formuliert werden, damit nur wenige Ausnahmen entstehen. Viele Regeln wurden jedoch noch gar nicht formuliert, da die Entwicklung rund um KI rasant voranschreitet. Bestehende Ideen müssen daher immer wieder noch vor der Implementierung verändert und angepasst werden. Die schnelle Entwicklung vieler KI-Technologien ist allerdings auch in naher und ferner Zukunft ein sehr wahrscheinliches Szenario, welches diese Problematik zunehmend verschärfen wird. Findet der Gesetzgeber eine Lösung, verändert sich das Problem und die Lösung ist nicht mehr passend. Auch wenn das Beschließen und die Durchsetzung wichtiger Gesetze, Verordnungen und Richtlinien ein mühsamer Prozess sein kann, ist durchaus Eile geboten. Zu wichtig ist die Existenz einheitlicher KI-Regelungen.

Einheitlich und schnell sollten Regeln der Gesetzgebung in möglichst vielen Staaten durchgesetzt werden. Trotzdem muss durch eine Vorlaufzeit die tatsächliche Wirkung getestet werden. Abhilfe könnten sogenannte Eilverfahren schaffen, die in vielen Rechtsordnungen unterschiedliche Abläufe, die bei der Durchsetzung von Gesetzen nötig sind, beschleunigen können. Ebenso führen eine bessere Organisation und die Parallelisierung von Arbeitsschritten schneller zu einem zufriedenstellenden Ergebnis. Die Aufgabe unterschiedlichster Verantwortungsträger, die in der politischen Landschaft agieren, ist nicht zu unterschätzen und sollte daher respektiert werden. Der respektvolle Umgang zwischen Nutzern, Forschern und Politikern kann als Teil des Schlüssels zum Erfolg bezeichnet werden.

Auch ohne beschleunigte Verfahren können Regelungen durch politische Maßnahmen umgesetzt werden. Bereits etablierte Gesetze können verändert und angepasst werden. Die Durchsetzung kann durch Erfahrungswerte beschleunigt werden. Besonders der Datenschutz und die Produkthaftung können dabei in der Zukunft eine wesentliche Rolle spielen.

Gesellschaft

Der wohl interessanteste Bereich, wenn es um klare Handlungsempfehlungen zur Sicherung einer ethisch korrekten Zukunft mit „Künstlicher Intelligenz" geht, betrifft den Anwender. Die richtige Grundeinstellung zur Technologie „Künstliche Intelligenz" ist essenziell, wenn KI sinnvoll genutzt werden soll.

Der Nutzer sollte verstehen, wie „Künstliche Intelligenz" überhaupt funktioniert. Dabei sind keineswegs technologische Feinheiten gemeint. Es geht eher um das Grundkonzept und die grobe Funktionsweise. Mit dem Ausdruck „besonders gut trainierter Wahrscheinlichkeitsrechner" kann der Begriff „KI" auch jüngeren Personen erklärt werden. Wichtig ist immer im Kopf zu behalten, dass keine KI-Technologie tatsächlich weiß, wovon sie überhaupt spricht, da alles nur durch mathematische Algorithmen berechnet wird. Versteht ein Anwender ungefähr, was KI ist und wie sie funktioniert, gilt die These: Übung macht den Meister. Aus Angst, KI aus dem Weg zu gehen, ist weder sinnvoll noch möglich. Zu sehr ist diese Technologie Teil unseres Lebens geworden. Doch welche Schritte müssen nun möglichst viele Akteure der Gesellschaft tatsächlich unternehmen, damit eine Zukunft mit und nicht gegen KI garantiert werden kann?

Alles beginnt mit der Sensibilisierung für die KI-Thematik. Dieser Schritt wurde bereits durch die mediale Omnipräsenz der letzten Jahre in einigen Staaten mit Bravour erledigt. KI-Technologien als solche zu identifizieren, ist jedoch für einige eine Herausforderung. Dies liegt am Problem, „Künstliche Intelligenz" zu definieren. Die Erkenntnis, dass aus einer ganz besonderen, aber legitimen Sichtweise auch ein Navigationssystem oder eine automatische Netflix-Empfehlung als KI bezeichnet werden kann, ist unumgänglich.

Nach der Sensibilisierung kommen Bildungssysteme ins Spiel, um Nutzer über mögliche Anwendungsgebiete aufzuklären. Dabei spielen mögliche ethische Komplikationen eine durchaus bedeutende Rolle. Ziel ist es nicht nur einen korrekten Umgang mit KI zu lehren, sondern ebenso die Zivilgesellschaft als Einheit zu stärken. Abhilfe können Bürgerinitiativen, die sich beispielsweise für KI-Leitfäden in Schulen einsetzen, schaffen. Nicht zu vergessen sind andere Bildungsinstitute, wie Vereine, Erwachsenenbildungsinstitute oder Weiterbildungsakademien, die außerhalb von Schulen tätig sind. Schließlich hört Bildung nicht mit dem Verlassen der Schule auf, sondern ist ein lebenslanger Prozess, der niemals endet.

Als Teil der Gesellschaft muss ebenso die Wirtschaft erwähnt werden, die KI-Tools oft unbewusst in Arbeitsabläufen integriert. „Künstliche Intelligenz" als Technologie muss finanziert werden und kann als Produkt privatwirtschaftlicher Tätigkeiten angesehen werden. KI schafft Arbeitsplätze, KI benötigt Rohstoffe und KI muss durch Marketingstrategien am Markt seinen Platz finden. Ähnlich wie bei der Bildung kann ein Verhaltenskodex im Unternehmen erstellt werden, um ethische Grundregeln für den Umgang mit „Künstlicher Intelligenz" zu schaffen. Während sich die gezielte Zusammenarbeit für Akteure des Bildungssystems als Herausforderung darstellen kann, ist dies in der Unternehmerwelt anders. Die internationale Zusammenarbeit kann als Schlüssel zur Zukunft bezeichnet werden. Globale Standards, Kooperationen mit Entwicklungsländern, der Austausch von Erfolgserlebnissen und das Berichten von Misserfolgen können eine große Hilfe sein.

Die potenziellen Nutzer sind nun auf KI aufmerksam geworden, auf theoretischer Basis geschult und die Wirtschaft arbeitet interdisziplinär als Teil der Gesellschaft. Nun muss das Gelernte angewendet werden, damit weitere Erfahrungen die zukünftige Verwendung von KI-Technologien beeinflussen. Es gilt die These: Probieren geht über Studieren. Selbstverständlich muss auch in diesem Prozess auf ein ethisches Verhalten geachtet werden. Wichtig ist hierbei auf die Diskrepanz zwischen Input und Output zu achten. Der Nutzer sollte sich daher stets die Frage stellen: Wie muss ich meinen Input verändern, damit sich der Output verändert? Ist die Antwort auf diese Frage geklärt, können Fehler erkannt und in Zukunft vermieden werden. Ein Beispiel für solch einen Fehler wäre eine inkorrekte Beistrichsetzung oder Rechtschreibfehler. Im Normalfall können Algorithmen solche Fehler gut erkennen und analysieren. Dem KI-Nutzer muss jedoch immer klar sein, dass ein genauerer Input zu einem besseren Output führt. Betrachtet man KI als Wahrscheinlichkeitsrechner, lässt sich ableiten, dass die Wahrscheinlichkeit eines fachlich korrekten Outputs durch korrekte Inputs steigt. Auch ein fehlender oder falsch gesetzter Beistrich kann den Kontext eines Satzes maßgeblich verändern. Beispiele wären dazu folgende Sätze:

„Ich komme, nicht erschießen!" oder „Ich komme nicht, erschießen!".

„Komm, wir essen, Tante Lena!" oder „Komm, wir essen Tante Lena!".

„Wir empfehlen ihm, zu folgen." oder „Wir empfehlen, ihm zu folgen."

Diese Beispiele zeigen, dass ein einziger Beistrich den Sinn eines Satzes maßgeblich verändern kann. Der Nutzer muss daher lernen, Fehler zu erkennen. Liegt der Fehler eindeutig nicht bei ihm, muss der Nutzer ebenfalls nicht tatenlos zusehen.

Die nächste Handlungsempfehlung für den KI-Nutzer betrifft auch den KI-Entwickler. Überprüft der Nutzer seinen Input und stellt trotz aller Richtigkeit ein falsches Ergebnis fest, wird ein Fehler im Algorithmus dazu geführt haben. Es liegt in der

Verantwortung des Nutzers, den Entwickler darauf aufmerksam zu machen. Bei unzähligen Chatbots wie Chat GPT oder Gemini kann dies durch einen Daumen nach oben oder unten schnell verwirklicht werden. Somit fehlt nur mehr der letzte Schritt.

Die Erfahrungen mit KI sollen untereinander geteilt und offen kommuniziert werden. Im Hinterkopf sollte man behalten, dass der Fehler eines Nutzers auch einem anderen Nutzer passieren hätte können. Um dies zu verhindern, ist eine offene und ehrliche Kommunikation untereinander vonnöten.

Egal ob KI-Entwickler, Forscher, Gesetzgeber oder Nutzer, jeder Akteur, der mit "Künstlicher Intelligenz" agiert, muss einige Grundregeln beachten. Auch wenn es unterschiedliche Ansätze, Ideen und Leitfäden in Zusammenhang mit KI gibt, sind die Grundregeln immer gleich. Es ist unrealistisch und völlig klar, dass sich nicht jeder an diese Regelungen halten wird. Trotzdem darf die Wichtigkeit des Beitrags eines einzelnen Akteurs nicht unterschätzt werden. Durch das parallele Agieren aller Beteiligten kann „Künstliche Intelligenz" die zukünftige Welt besser gestalten und sogar Leben retten. Da alle Akteure indirekt voneinander abhängig sind, auch wenn es auf den ersten Blick gar nicht so scheinen mag, sollte sich jeder für den ersten Schritt verantwortlich fühlen. Ein ewiger Konkurrenzkampf zwischen Politik, Bevölkerung und Unternehmen wird dies unmöglich machen. Die Kollaboration und Kommunikation zwischen allen Akteuren muss gelingen, damit das wahre Ziel, welches im Grunde alle verfolgen, erreicht werden kann: Die Erschaffung einer Welt, in der „Künstliche Intelligenz" ein Helfer und kein Feind ist.

KAPITEL 19: ZUKUNFTSPERSPEK-
TIVEN

Es lebte einst im Jahr 2034 die geniale Detektivin Anya Petrova, die vor einem komplexen Fall stand. Ein Serienmörder, der seine Opfer mit chirurgischer Präzision ausschaltete, hielt die Polizei in Atem. Selbst nach wochenlangen Ermittlungen konnte die Polizei keine Spur finden. Doch die Detektivin hatte eine Idee. Sie entschied sich für einen unkonventionellen Ansatz.

Von Kollegen hörte sie, dass eine im Jahr 2033 entwickelte „Künstliche Intelligenz" bei solchen und ähnlichen Fällen eine große Hilfe sein könnte. Sofort trainierte sie jene KI mit allen Informationen zu dem Fall, eine Handlung, die aufgrund der langsamen Ermittlungen bisher recht schnell erledigt war. Doch die KI beinhaltete bereits eine Menge an Daten von vergangenen Fällen. Die KI begann daher, mit den zur Verfügung gestellten Daten Überwachungsvideos, Telefonprotokolle, soziale Medien und medizinische Aufzeichnungen systematisch zu analysieren. Die „Künstliche Intelligenz" konnte durch das Datenmaterial herausfinden, wo sich höchstwahrscheinlich der Tatort befindet. Die Spur führte sie in den Keller eines Krankenhauses, wo Fingerabdrücke und DNA-Spuren den Täter schließlich identifizierten.

Jene Geschichte ist frei erfunden und spielt in der Zukunft. Trotzdem sollte klar sein, dass solche und ähnliche Szenarien unter Umständen in naher Zukunft Teil unseres Lebens sein könnten. Doch welche Rolle wird „Künstliche Intelligenz" tatsächlich in einigen Jahrzehnten oder vielleicht schon Jahren spielen? Werden die Fähigkeiten dieser Algorithmen exponentiell wachsen oder ist irgendwann auch einmal Schluss?

Rolle „Künstlicher Intelligenz"

Durch die Digitalisierung hat sich unser Leben für immer verändert, das sollte klar sein. Besonders in wohlhabenden Ländern können sich einige Einwohner ein Leben ohne Handy, Computer, Fernseher oder anderen technischen Geräten wohl kaum mehr vorstellen. Schließlich sind unsere täglichen Begleiter praktische Tools, welche uns Sicherheit, Bildung, Orientierung, aber auch Unterhaltung bieten. Als neuer, großer Teil dieser digitalen Geräte zählt „Künstliche Intelligenz". Verbunden mit Handys, Computern, Fernsehern oder anderen technischen Geräten kann KI verwendet werden. Neue Updates und Fortschritte in der Technik ermöglichen eine Kollaboration zwischen Handy und KI, Computer und KI oder Fernseher und KI. Man könnte meinen, „Künstliche Intelligenz" ist ein ansteckender Virus, der sich in allen technischen Gerätschaften ausbreitet und resistent gegen jede Impfung ist. Oder sollte man KI vielleicht doch nicht mit einer tödlichen, resistenten Krankheit, sondern eher mit einem Schlüssel für eine bessere Zukunft vergleichen?

Zunächst einmal sollte die Rolle von KI-Technologien auch schon jetzt nicht unterschätzt werden. Während einige mit KI ausschließlich Chatbots wie Chat GPT, Gemini oder Perplexity verbinden, geht KI auch heute schon deutlich weiter, egal ob in der Bildung, Medizin oder im Fernsehen. Oft verbirgt sich „Künstliche Intelligenz" in Systemen, bei denen es wohl niemand vermuten würde. Momentan wird KI jedoch eher als Werkzeug betrachtet. Auch wenn die Frage nach der Verantwortung beim Umgang mit KI nicht immer geklärt ist, trifft ein

Aspekt allerdings immer zu. Ausschließlich ein Mensch oder eine Gruppe von Menschen kann Verantwortung übernehmen. Das würde wohl jedes Gericht so entscheiden. Doch wird sich dies in Zukunft ändern?

Dass die Verantwortung immer beim Menschen liegen sollte, darüber sind sich Ethik-Experten wohl einig. Der Mensch behandelt KI so wie ein normales Werkzeug. Dies ist auch der Grund dafür, dass die Verantwortung beim Menschen liegt. Schließlich würde niemand einem Hammer oder einer Säge die Schuld bei einem Unfall geben. Sollte das grundlegende KI-Verständnis so bleiben, hat der Mensch wohl nichts zu befürchten. Durch die schnellen technologischen Fortschritte ist die Stabilität dieses allgemeinen Verständnisses eindeutig in Gefahr. Einige KI-Anwender werden von den überragenden Fähigkeiten einiger KI-Systeme getäuscht und täuschen sich damit selbst. Anstatt nur ein Werkzeug zu sein, steigt KI in den Rang des gleichberechtigten Partners. Ob das so gut ist?

Ein gleichberechtigter Partner darf und kann mehr als nur ein Werkzeug. Diese Rollenverschiebung wäre mit Konsequenzen verbunden. Der Gedanke einer Kooperation auf Augenhöhe erscheint auf den ersten Blick recht harmlos und fair. Trotzdem darf nicht auf die fehlende Menschlichkeit einer jeden Technologie vergessen werden. Ein Vertrauensvorschuss ist die einzige Möglichkeit, mit gleichberechtigten Partnern zu arbeiten. Auch wenn bei der Auseinandersetzung mit der Beziehung zwischen Mensch und KI die Notwendigkeit des Vertrauens aufgezeigt wurde, geht dieses Vertrauen einen Schritt zu weit.

Beschäftigt man sich mit der zukünftigen Rolle von „Künstlicher Intelligenz", sollte auch die zunehmende Entwicklung von parasozialen Beziehungen thematisiert werden. KI wurde kreiert, um menschenähnliche Fähigkeiten zu imitieren. So soll „Künstliche Intelligenz" dem Menschen gezielt helfen. Dabei kann es jedoch auch zu Problemen, beispielsweise zu parasozialen Beziehungen, kommen. Ein Mensch kann eine einseitige Beziehung zu Bots aufbauen. Da Bots als Teil von KI keine Emotionen empfinden können, beruht jene „Beziehung" nicht auf Gegenseitigkeit. Selbst der Begriff „Beziehung" ist hierbei zu hinterfragen. Trotzdem können Menschen vereinzelt menschenähnliche Eigenschaften auf KI-Algorithmen projizieren. Die Zunahme an parasozialen Beziehungen durch KI führt automatisch auch zu einer verstärkten Isolation. Eine echte Beziehung zu Menschen aufzubauen, wird dadurch noch schwieriger. Dieser Teufelskreis ist auch aus psychologischer Perspektive nur schwer zu durchbrechen. Ein grundlegendes Verständnis über die Rolle von „Künstlicher Intelligenz" ist daher wichtiger als oft angenommen.

KI-Fähigkeiten

Eine ausgeglichene Beziehung zwischen Mensch und KI ist ein unmögliches Szenario. Einzelne Bausteine werden dafür allerdings sehr wohl in Zukunft noch hinzukommen. „Künstliche Intelligenz" ist nicht emotional. Dies ist ein Fakt, der sich erst durch die Entstehung einer „Superintelligenz" ändern kann. Da selbst diese Entstehung auf reinen Spekulationen beruht, ist es unklar, ob KI überhaupt jemals Emotionen empfinden werden kann. Dies schließt jedoch nicht die Fähigkeit, Emotionen zu erkennen, aus. Ganz im Gegenteil.

Ist man mit der Funktionsweise von „Künstlicher Intelligenz" vertraut, kann man verstehen, dass KI zwar nicht emotional ist, aber sehr wohl in der Lage ist, Emotionen zu erkennen. Immer wieder wird KI mit einem besonders fortschrittlichen Wahrscheinlichkeitsrechner verglichen, der komplexe Muster erkennen kann und anhand großer Datenmengen einen Output erzeugen kann. Ein Algorithmus, der Gesichtszüge mittels Kameras beurteilt, erkennt, welche Emotion ein Mensch gerade empfindet. Anhand von Mimik, Gestik, dem Augenkontakt, der Pupillengröße oder der Körperhaltung kann eine KI auf ähnliche Fälle zurückschließen und Emotionen erkennen. Noch genauer kann sich dieser Prozess durch die Messung der Herzfrequenz oder der Hautleitfähigkeit gestalten. Dazu muss der Mensch jedoch direkt mit einem Sensor der KI verbunden sein. Es ist daher möglich, dass „Künstliche Intelligenz" Emotionen erkennt. Was sie tatsächlich bedeuten, weiß ein Algorithmus jedoch nicht. Lediglich die Information „Schweiß ergibt möglicherweise die fünf Buchstaben A, N, G, S und T, also Angst" kann der Algorithmus wiedergeben.

Während KI-Systeme heute meist als Ratgeber oder Ideenfinder verwendet werden, könnte in der Zukunft eine weitere Aufgabe von bedeutender Relevanz sein. KI kann zwar nur aus den vom Menschen zur Verfügung gestellten Daten einen Output entwickeln, was jedoch nicht einen neuen Blickwinkel auf bestimmte Sachverhalte ausschließt. Komplexe wissenschaftliche und gesellschaftliche Probleme, bei deren Erforschung der Mensch einen wichtigen Zusammenhang noch nicht finden konnte, werden durch den Einsatz unterschiedlicher KI-Technologien schneller gelöst werden. Auch wenn es die KI-Technik nicht erlaubt, neue Ideen zu generieren, die der Menschheit noch nicht bekannt sind, könnte die rasante Entwicklung im KI-Bereich dies bald ändern. Die Analyse von Daten, das maschinelle Lernen und die Verbesserung neuronaler Netzwerke werden dabei von Bedeutung sein.

Die Folgen dieses technologischen Fortschritts wären zahlreiche neue Entdeckungen. Durchbrüche in der medizinischen Diagnostik könnten Leben retten und auch Finanztipps würden immer konkreter und treffsicherer ausfallen. Diese Revolution der Problemlösung durch KI hört sich auf den ersten Blick recht sinnvoll an, birgt jedoch einige ernstzunehmende Gefahren. Die Entstehung einer neuen Idee oder eines neuen Ansatzes zur Problemlösung könnte der erste Hinweis auf eine „qualitative Superintelligenz" sein. Würde dieser technologische KI-Fortschritt daher zu weit gehen?

Diese Frage kann pauschal so nicht beantwortet werden, da die Situation davon abhängig ist. Grundsätzlich ist es möglich, ein Problem mit KI zu lösen und sich keine Sorgen über eine „Superintelligenz" machen zu müssen. Findet der Algorithmus einen neuen Zusammenhang, den der Mensch einfach übersehen hat, sollte auch nicht von einer „qualitativen Superintelligenz" die Rede sein. Stammt die neue Erkenntnis der KI aus Daten, die dem Menschen bis dahin unbekannt waren, könnte dies ein Anzeichen für eine „Superintelligenz" und Grund zur Sorge sein. Dieser doch deutliche Unterschied sollte stets im Auge behalten werden.

Eine weitere Kompetenz, die KI in naher Zukunft erlernen wird, ist eng mit der Robotik verknüpft. Schon heute werden KI-Technologien in Geräte eingebaut, die meist durch gezielte Bewegungen Aufgaben erfüllen können. In der Automobilindustrie ist dies bereits gang und gäbe. Besonders spannend und revolutionär könnte die Robotik im medizinischen Bereich einige Abläufe verändern und indirekt Leben retten. Hiermit ist keineswegs ein Roboter als Ersatz für den Rettungssanitäter gemeint. Einmal mehr sollte auf den Vergleich mit dem „praktischen Werkzeug" verwiesen werden. Schon heute werden bei vereinzelten Operationen KI-Roboter eingesetzt. Eine Maschine kann feinmotorisch präziser als der Mensch arbeiten. Komplexe chirurgische Eingriffe werden erleichtert und die Erfolgswahrscheinlichkeit erhöht. Ein weiterer zu erwähnender Vorteil ist die präzise Steuerung von außen, wodurch bei Schnitten das Gewebe weniger beschädigt wird und der Heilungsprozess im Anschluss schneller voranschreiten kann.

Diese KI-Fähigkeiten können jetzt schon Leben retten und werden es in Zukunft auch weiter tun. Eine moderne, sichere Medizin ohne „Künstliche Intelligenz" wird keine Zukunft haben. Der Mangel an Pflegekräften, der einige Gesundheitssysteme belastet, kann außerdem kompensiert werden. Es ist selbstverständlich und eine ethische Grundvoraussetzung, dass eingesetzte Roboter in der Pflege das Personal nie vollwertig ersetzen werden können, da der Kontakt zu echten Personen ein wichtiger Bestandteil der Pflege ist. Alltägliche Aufgaben können jedoch unter menschlicher Aufsicht schneller und mit höherer Präzision erledigt werden.

Auch wenn eine Zukunft mit „Künstlicher Intelligenz" noch einige Fragen aufwirft, ist eines bereits klar: Eine Zukunft ohne KI wird es wohl nicht geben. Fähigkeiten unterschiedlicher KI-Systeme werden stets verbessert und daher einen wichtigen Platz in unserer Gesellschaft einnehmen.

Prognosen

Es stellt sich nun die Frage, welche genaue Rolle KI wirklich spielen wird. Dies ist auf der einen Seite aus einer technologischen, auf der anderen Seite aus einer soziologischen Perspektive zu betrachten. Vereinfacht könnte man dies mit der Frage „Wie werden wir mit welchen KI-Technologien umgehen?" zusammenfassen.

Um die Wie-Frage beantworten zu können, muss zunächst geklärt werden, welche KI-Technologien in Zukunft auf uns zukommen könnten. Als wichtiger Bestandteil der KI-Ära werden KI-gestützte Sprachassistenten den Menschen in nahezu allen Lebenslagen begleiten. Der bekannte Amazon Sprachassistent „Alexa" kann als Vorreiter angesehen werden, wird jedoch nicht mit zukünftigen Sprachsteuerungen zu vergleichen sein.

Jene Assistenten werden mit Häusern und Gebäuden noch enger verknüpft sein. Diese KI-gestützten Funktionen in Häusern, auch „Smart Homes" genannt, werden auf das nächste Level gehoben. Neben den jetzigen Fähigkeiten, wie die Steuerung von Beleuchtung, Heizung, Alarmanlage und Unterhaltungssystem, werden einige Funktionen hinzukommen. Beispielsweise könnten Vitalfunktionen der Bewohner überwacht werden und im Notfall automatisch ein Notruf abgesetzt werden. Auch der Grad der Personalisierung wird stets verbessert. Ein noch angenehmeres und vertrauteres Gefühl wird beim Hausbewohner verursacht.

Die Arbeitswelt wird für immer verändert werden. Das Thema rund um den Arbeitsplatzverlust durch „Künstliche Intelligenz" wurde bereits aufgefasst. Prognosen zeigen, dass in den nächsten 10 Jahren etwa 30% aller Routineaufgaben automatisiert werden könnten. Dieser Wert könnte schnell auch auf über 50% steigen, so einige Experten. Die betroffenen Branchen, dazu gehört die Produktion, die Logistik, der Kundenservice oder die Verwaltung, strukturieren sich daher teilweise schon um. Diese Prozentzahlen sind jedoch mit Vorsicht zu genießen und nicht unbedingt Grund zur Sorge. Schließlich wird davon ausgegangen, dass 20-30% aller neuen Jobs nur durch „Künstliche Intelligenz" entstehen könnten. Aus einer rein technologischen Perspektive wird „Künstliche Intelligenz" den Alltag vieler Menschen sehr verändern. Doch wie verändert KI den Menschen aus einer soziologischen Perspektive? Oder wäre die bessere Frage: Wie sollten wir uns verändern?

Auf die Bewusstseinsbildung und Weiterbildung wurde bereits ausführlich eingegangen, da dies der erste Schritt ist. Ein Experiment, welches man als Nutzer leicht durchführen kann, wäre eine sinnvolle, spielerische Methode, das Bewusstsein zu stärken. Wir begegnen „Künstlicher Intelligenz" in unserem Alltag meist unbewusst. Zu Beginn des Experiments sollte man sich genauestens informieren, welche Technologien im weitesten Sinn KI verwenden. Danach muss der Teilnehmer nur mehr mit offenen Augen durchs Leben gehen und sich bewusst machen, dass gerade „Künstliche Intelligenz" im Spiel ist. Dazu zählen Navigationssysteme, Chatbots, Bildbearbeitungs-Apps, automatische Filmempfehlungen oder Suchempfehlungen auf sämtlichen Websites. Wird diese latente Ebene bewusst wahrgenommen, kann auch auf ethische Richtlinien besser geachtet werden.

Die Wichtigkeit des Bildungsfaktors wird dann bewusst, wenn politische Veränderungen durch die neue KI-Ära durchgesetzt werden. KI-Technologien können Staaten grundlegend verändern, sowohl zum Guten als auch zum Schlechten. Der Faktor der totalen Überwachung, der mit KI ermöglicht wird, könnte zu Unsicherheiten und Unruhen führen. Es ist denkbar, dass sich das Verhältnis zwischen Staat und Bürger durch die Überwachungsmöglichkeiten, die KI bietet, verändert. Eine ehrliche und offene Kommunikation ist hierbei erneut der Schlüssel zur Zukunft.

Die Technologie „Künstliche Intelligenz" wird mit Sicherheit einige Veränderungen mit sich bringen. Diese Veränderungen werden nahezu jeden Lebensbereich betreffen. Auch wenn es einige seriöse Prognosen zur KI-Entwicklung gibt, sind noch einige offene Fragen zu klären. Solange diese offenen Fragen nicht gänzlich geklärt sind, müssen Nutzer und Entwickler mit besonderer Vorsicht handeln. Aus dieser Perspektive ist die Frage „Wie sollen wir uns verändern?" wohl doch eine falsche Herangehensweise. Schließlich haben wir Menschen KI programmiert, um uns zu dienen, und nicht umgekehrt.

KAPITEL 20: OFFENE FRAGEN

Dem österreichischen Physiker Erwin Schrödinger gelang durch seinen berühmten Vergleich mit einer Katze, auch Schrödingers Katze genannt, ein großer Fortschritt in der Quantentheorie. Um seine Theorie zu verstehen, muss man wissen, dass Menschen, Gebäude oder andere Gegenstände im Makrokosmos wirken und immer konkrete Werte besitzen. Das heißt, dass beispielsweise ein bestimmtes Hochhaus immer an derselben Stelle steht und niemals an zwei Orten gleichzeitig stehen kann. Es kann außerdem niemals aufgebaut und zusammengebrochen zugleich sein. Dies ist für uns selbstverständlich, da für uns die Gesetze der „Klassischen Physik" gelten. Im Mikrokosmos, jener Teilbereich, der sich mit einzelnen Atomen beschäftigt, ist dies jedoch anders. Ein Teilchen, ein Elektron, kann an mehreren Stellen gleichzeitig sein, vorausgesetzt wir Menschen beobachten es nicht. Beobachten wir jenes Teilchen, ist es an nur einer Stelle erkennbar. Dies ist das oberste Gesetz der Quantentheorie. Schrödinger versuchte nun in einem Experiment, den Mikro- und den Makrokosmos zu vereinen. Das berühmte Gedankenexperiment „Schrödingers Katze" war geboren.

Dazu müssen sich ein radioaktives Atom, ein Detektor, der mit einem Hammer verbunden ist, eine Ampulle mit Gift und eine Katze in einer geschlossenen Box befinden. Radioaktive Teile zerfallen nach einer gewissen Zeit, man weiß jedoch nicht genau wann. Zerfällt das Teilchen, kann der Detektor Strahlung messen und der Hammer tötet die Katze. Diese Kettenreaktion ist jedoch nicht beobachtbar, da alles in einer geschlossenen Box passiert. Die Quantentheorie schreibt vor, dass Teile, die nicht beobachtet werden, keinen festen Zustand einnehmen. Das Atom, welches entweder schon zerfallen ist oder noch nicht, befindet sich in der sogenannten Superposition. Dies bedeutet lediglich, dass wenn wir es nicht beobachten, es zerfallen und nicht zerfallen zugleich ist. Die Katze ist demnach tot und lebendig zugleich. Erst wenn wir in die Box sehen, zwingen wir uns, für einen Zustand zu entscheiden. Doch was hat dieses erklärbare Paradoxon mit „Künstlicher Intelligenz" zu tun?

Der KI-Nutzer hat bei der Nutzung grundsätzlich keinen Einblick in die Technologie, die er verwendet. Auch bei der Formulierung des Inputs weiß der Nutzer nicht, welches Ergebnis ihn erwartet. Dies ist mit der verschlossenen Box von „Schrödingers Katze" vergleichbar. Doch selbst nach der Entstehung eines Outputs ist die Kiste noch nicht ganz geöffnet. Befolgt der Algorithmus die Anweisungen des Nutzers, kann dies zu ethischen und gesellschaftlichen Problemen führen oder auch nicht. Erst durch die spätere Beobachtung und Analyse kann ein Problem oder sogar die Lösung für das Problem gefunden werden. Solange der Mensch keine klare Beobachtung vornimmt, befindet sich die KI-Ethik in einem Überlagerungszustand, in dem verschiedene ethische Bewertungen möglich sind.

Praktisches

Das kognitivistische Kommunikationsprinzip, welches aus Input, Informationsverarbeitung und Output besteht, kann mit „Künstlicher Intelligenz" verglichen werden. Der Informationsverarbeitungsprozess im Gehirn konnte jedoch noch nicht lückenlos erforscht werden. Ähnlich ist dies bei der Informationsverarbeitung. Dass der KI-Nutzer die technische Funktionsweise nicht nachvollziehen kann, ist selbstverständlich und nicht Kern des Black-Box-Problems. Problematisch wird es, wenn selbst die KI-Entwickler tiefe neuronale Netzwerke nicht nachvollziehen können. Die Zusammenhänge, die aus den riesigen Datenmengen entstehen, können selbst von Entwicklern und Technik-Genies nur langsam entziffert werden. Zu subtil und zahlreich sind die Ausgangsdaten, um die genaue Herangehensweise eines fortschrittlichen Algorithmus zu analysieren. Weiters kann ein vom Menschen trainierter Algorithmus selbst emergente Eigenschaften entwickeln, die bei der Programmierung noch nicht zu erkennen waren. Es ist fraglich, ob man diese Entwicklung bereits als eine Art „Superintelligenz" ansehen kann, da die entwickelten Eigenschaften aus Zusammenhängen kommen, die ein Mensch theoretisch auch erforschen hätte können.

Je genauer und ethisch korrekter die Ausgangsdaten, desto zufriedenstellender ist auch der KI-Output. Dies sollte jedem KI-Nutzer bei der Anwendung von „Künstlicher Intelligenz" bewusst sein, egal ob mit fortschrittlichen Chatbots oder einfachen Navigations-Algorithmen gearbeitet wird. Es stellt sich nun die Frage, ab welchem Punkt man von einer zufriedenstellenden Datenqualität sprechen kann. Kann jener Aspekt überhaupt zuverlässig gemessen werden oder müssen sich Entwickler und Nutzer auf ihr Bauchgefühl verlassen? Fehlerfreie Datensätze sind zwar wünschenswert, jedoch reine Utopie. Fakt ist, dass wohl jeder KI-Algorithmus mit falschen Datensätzen zu kämpfen hat. Da einige KI-Anwendungen mit Wahrscheinlichkeitsrechnern vergleichbar sind, ist dies nicht weiter tragisch. Trotzdem muss ein klarer Wert festgelegt werden, der falsche Informationen relativ zu den richtigen Informationen noch erlaubt. Jene theoretische Regelung könnte wie folgt lauten: Das Datenmaterial, welches eine KI verwendet, muss nachweisbar mindestens zu 90% korrekt sein und alle Informationen müssen belegbar sein. An der Sinnhaftigkeit dieser

Regelung würde niemand zweifeln. Die Messung eines solchen Prozentwerts ist momentan technisch noch nicht möglich. Offen bleibt daher, wie die Qualität der Input-Daten, von der einiges abhängt, tatsächlich gemessen werden kann, damit eine „Künstliche Intelligenz" nachweisbar auf richtiges Datenmaterial zugreift. Als Teilbereich der Datenqualität darf auch die Rolle der Datenrepräsentativität nicht unterschätzt werden. Systematische Verzerrungen, egal ob jene unbeabsichtigt oder beabsichtigt sind, können den Output der KI verändern.

Letztendlich stützen sich alle offenen Fragen bezüglich KI wenig auf die Technologie selbst, sondern eher auf das zukünftige Verhalten der Anwender. Zahlreiche Studien bezüglich Arbeitsplatzverluste durch „Künstliche Intelligenz" sagen unterschiedliche Szenarien voraus. Ob KI mehr Arbeitsplätze schafft oder die neuen Möglichkeiten doch nicht sinnvoll in Jobs umgewandelt werden, ist nicht vorhersehbar. Die alleinige Möglichkeit durch KI den Arbeitsmarkt zu revolutionieren, sollte als Chance betrachtet werden, die jedoch auch genutzt werden muss.

Rechtliches

Fehlende Regulierungen pauschal zusammenzufassen, ist aufgrund der unterschiedlichen Gesetzeslage nicht möglich. Zahlreiche Gesetze, Verordnungen und Richtlinien wurden bereits durchgesetzt, wobei sich einige Punkte sehr ähneln, andere wiederum weniger. Trotzdem gibt es immer noch flächendeckende, nicht berücksichtigte Aspekte, die für Verwirrung sorgen. Es muss das Ziel aller Gesetzgeber sein, diese fehlenden Regelungen schleunigst zu formulieren.

Als eine der umstrittensten Angelegenheiten gilt die Frage nach den Rechten an KI-generierten Inhalten. Allgemeingültige

Regeln bezüglich des Urheberrechts sind zwar bekannt, gelten jedoch nicht zwingend für „Künstliche Intelligenz". Auch wenn es sich hierbei um eine offene Frage, die schnellstmöglich geklärt werden sollte, handelt, kann man drei mögliche Ansätze voneinander unterscheiden.

Die erste Idee setzt voraus, dass der Mensch der Schöpfer einer Technologie, also auch von „Künstlicher Intelligenz", ist. Dieser Ansatz erscheint logisch, da ein Mensch den Algorithmus programmieren muss, damit „Künstliche Intelligenz" entstehen kann. Auch der Nutzer kann als Schöpfer von Inhalten bezeichnet werden, da durch seine Inputs neue Outputs entstehen. Dieser wohl gängigste Ansatz sieht die Verantwortung sowohl beim Entwickler als auch beim Nutzer. Die Rechte an KI-generierten Inhalten teilen sich daher beide Akteure.

Der zweite Ansatz ist etwas abstrakter zu betrachten, da „Künstliche Intelligenz" selbst als Schöpfer der Inhalte angesehen wird. Nicht nur die Nutzer, sondern sogar die Entwickler rücken daher in den Hintergrund. Dass KI in Zukunft ein eigenes Urheberrecht für sich beanspruchen kann, ist jedoch nicht realistisch, da tiefgreifende Veränderungen erforderlich wären. Sowohl aus rechtlicher, als auch aus ethischer Perspektive stößt jener Vorschlag auf viel Kritik.

Die letzte Möglichkeit sieht für KI-generierte Inhalte eine Sonderregelung vor. Als Werk ohne Urheber soll KI unter die öffentliche Domäne fallen. Diese Idee erscheint zunächst recht praktisch, birgt jedoch einige gravierende Probleme. Werden alle KI-generierten Werke als öffentliches Gut bezeichnet, muss auch für dessen offene Zugänglichkeit gesorgt werden. Jeder Mensch könnte daher sämtliches KI-generiertes Material, selbst wenn es von anderen Personen stammt und falsche Informationen beinhaltet, frei nutzen. Die Konsequenzen liegen auf der Hand. Welche Variante am sinnvollsten ist, muss noch genauer erforscht werden. Bis dahin kann das Urheberrecht rund um KI als rechtliche Grauzone bezeichnet werden.

Ein weiterer, noch wenig geregelter Punkt betrifft den Datenschutz, speziell im Umgang mit KI. Eine Datenschutzfolgenabschätzung kann, bevor Algorithmen an den Markt kommen, Schwachstellen und Risiken aufdecken. Die Datenschutzgrundverordnung (DSGVO) verpflichtet den KI-Hersteller eine solche Abschätzung durchzuführen. Einige neue Technologien, darunter auch „Künstliche Intelligenz", sind davon betroffen. Eine Datenschutzfolgenabschätzung ist ein standardisiertes Verfahren, welches einen hohen Verwaltungsaufwand in Anspruch nimmt. Der Technologie-Entwickler muss dabei den Datenverarbeitungsvorgang beschreiben, Risiken bewerten, Schutzmaßnahmen ergreifen, einzelne Schritte dokumentieren und die Wirksamkeit jener Schutzmaßnahmen überwachen.

Die Datenschutzfolgenabschätzung ist nicht nur im Gesetz verankert, sondern ebenso notwendig. Die Durchführung gestaltet sich allerdings besonders bei KI-Algorithmen deutlich schwieriger, da es sich oft um besonders komplexe Algorithmen handelt. Die Funktionsweise eines Transformer-Modells genauestens zu dokumentieren, kann Entwickler und Kontrolleure an ihre Grenzen bringen. Die besondere Größe, die Tiefe und die Multimodalität gestalten jenen Prozess schwierig. Weiters besitzen fortschrittlichere KI-Modelle die Fähigkeit des inkrementellen Lernens. Kontinuierlich und automatisch können neue Informationen zur Verfügung gestellt werden, damit die Algorithmen immer am neuesten Stand sind. Gemini, früher auch unter Google Bard bekannt, ist ein passendes Beispiel dafür. Da sich bei solchen Modellen die Ausgangsdaten ständig verändern, ist auch eine Datenschutzfolgeabschätzung schwer. Lediglich eine ungefähre Abgrenzung zu allen Datenquellen ist möglich. Beispielsweise kann einem Algorithmus verboten werden, Daten aus dem Deep Web und Darknet zu verwenden, eine Maßnahme, die auch notwendig ist. Hierbei handelt es sich jedoch nicht um eine rechtliche, sondern eher um eine ethische Maßnahme, da der grundsätzliche Zugriff auf das Darknet nicht strafbar ist.

Ethisches

Man könnte meinen, offene Fragen bezüglich KI-Ethik existieren nicht, da neben einer grundlegend ethischen Haltung aller Menschen jedes Individuum ethische Überzeugungen für sich selbst formulieren kann, die in Kombination den Kompass „Ethik" vervollständigen. Doch dieser Eindruck trügt.

Fragen, selbst auf der übergeordneten Makroebene, die sich mit Risiken und Bedrohungen auseinandersetzen, sind teilweise noch nicht vollständig geklärt, da noch nicht genau bekannt ist, wie eine Zukunft mit „Künstlicher Intelligenz" tatsächlich aussehen wird. Hierbei handelt es sich beispielsweise um eine der am umstrittensten Fragestellungen in Verbindung mit KI, ein Fakt, der ebenso bei der Auseinandersetzung mit „Superintelligenz" klar wird. Auch die Unvorhersehbarkeit komplexer KI-Systeme kann ein ethisches Dilemma verursachen. Sind die Risiken zu hoch? Wie können Risiken verhindert werden? Sollten besonders unvorhersehbar handelnde KI-Systeme überhaupt am Markt angeboten werden dürfen? Oder ab wann gilt eine KI eigentlich als „unvorhersehbar"? Diese und ähnliche Fragen sind noch offen.

Ein klares Verbot, welches sich gegen autonome Waffensysteme richtet, ist ebenso noch nicht in Kraft. Vom Gebrauch jener Technologien wird zwar in einigen Ethik-Kodizes abgeraten, klare Haftungsregeln im Ernstfall können daraus jedoch nicht abgeleitet werden. Wird sich die Kriegsführung in Zukunft maßgeblich verändern? Entscheiden möglicherweise bald nicht mehr Menschen, sondern Maschinen über den Abwurf von Raketen und Bomben? Wer haftet dafür? Sind es die Hersteller jener Technologien, jene Personen, die den Befehl dafür abgeben, jene, die ihn ausführen oder vielleicht doch alle? Während das Kriegsrecht einige Antworten auf solche Fragen parat hält, muss in Verbindung mit „Künstlicher Intelligenz" noch einiges geklärt werden. Um eine sichere Zukunft mit KI gestalten zu können, müssen offene Fragen so schnell wie möglich beantwortet werden.

Neben existentiellen Fragen muss auch die Datenqualität stets im Auge behalten werden, wenn KI als ethisches Werkzeug dienen soll. Je korrekter die Daten, desto ethisch unbedenklicher sind die neu gewonnen Daten des KI-Algorithmus. Das konsequente Weglassen von Daten kann allerdings als unethische Handlung bezeichnet werden, da systematische Verzerrungen die Folge sein können. Daher muss beim Trainieren einer KI nicht nur auf die Datenqualität geachtet werden, sondern ebenso auf die Datenausgewogenheit. Während sich die Wissenschaft meist mit unethischen Daten beschäftigt, muss ebenso auf absichtlich nicht trainierte Daten geachtet werden. Sollten Missstände solche oder ähnliche Ursachen haben, können gezielte Messungen nur wenig helfen. Denn wie findet man schon einen Fehler im Datenmaterial, obwohl jenes fehlende Material gar nicht existiert?

Offene Fragen, besonders in der KI-Ethik, können sich als Belastung für Personen, die KI gezielt korrekt verwenden möchten, herausstellen. Im Gedankenexperiment „Schrödingers Katze" ist es ähnlich. Schließlich weiß die Person vor der Box, dass möglicherweise eine tote Katze beim Öffnen zum Vorschein kommen könnte. Das Rätsel kann nur durch die gewollte Beobachtung gelöst werden. Das Öffnen der Box verändert daher den Zustand der Katze, da jene zuvor tot und lebendig zugleich war. Ebenso verändert die bloße Diskussion über ethische Fragen im Zusammenhang mit KI die Wahrnehmung der Menschen und beeinflusst deren zukünftige Haltung. Je mehr Menschen sich mit KI auseinandersetzen, desto eher werden diese Entscheidungen in die richtige Richtung gehen, eine Richtung, die geprägt von sensationellen medizinischen Fortschritten, der Bekämpfung von weltweiten Krisen, einer höheren Lebensqualität und mehr Lebensfreude ist. Der Mensch ist in der Lage, diese sagenhafte Technologie zu entwickeln und stets weiter zu forschen. Doch ist er auch in der Lage, jene Erkenntnisse richtig zu interpretieren und mit dieser Technologie die Welt zu einem besseren Ort zu machen? Denn eines ist klar: Die Welt wird ohne „Künstliche Intelligenz" nie mehr so sein wie vorher. Die Richtung dieser Veränderung, die bestimmen alleine wir Menschen, egal ob Forscher, Entwickler, Nutzer, Gesetzgeber oder stiller Beobachter. Der US-amerikanische Neurowissenschaftler brachte es mit folgender Aussage auf den Punkt:

> *„Künstliche Intelligenz ist nicht nur eine Technologie, sondern eine neue Art zu denken."*

Anhang

Ein Worst-Case-Szenario

Ein Best-Case-Szenario

Ein Worst-Case-Szenario

Es lebte einst im Jahr 2047 ein Junge namens Lukas. Doch die Welt, in der er geboren war, die gefiel ihm nicht. Die Schere zwischen Arm und Reich öffnete sich in den letzten Jahrzehnten immer weiter und auch Hungersnöte sind in zahlreichen Gebieten an der Tagesordnung. Lukas war ein recht ruhiges Kind mit wenigen Freunden. Damals im Kindergarten fühlte er sich nicht wohl und redete wenig mit seinen Spielgenossen. Die Kindergärtner, mit denen konnte man sich sowieso nur eingeschränkt unterhalten, da sie programmierte Roboter waren und jedes einzelne Kind völlig gleich behandelt wurde. Genau eine halbe Stunde Spielzeit pro Kind und ein einstündiges Gruppenspiel wurden Tag für Tag mit den Kindern eingeplant.

Nach der Kindergartenzeit folgte die Einschulung. Langsam lernte Lukas auch mit anderen Kindern zu reden. Seine Lehrer waren außerdem keine Roboter. Der Lehrplan wurde nach einem personalisierten Test auf jeden Schüler angepasst. Da Lukas laut KI-Auswertung besonders praktisch und mathematisch angelegt war, wurde er auf ein Leben als Physiklehrer, technischer Leiter, Architekt oder Handwerker vorbereitet. Aufgrund seiner schlechten Resultate in Bezug auf „soziale Kompetenzen", wurde ihm nahegelegt, Berufe mit mehr Kontakt zu Kollegen lieber abzulehnen. Mit diesem Wissen im Hinterkopf wollte Lukas nie studieren, sondern nach der Schule eine Lehre beginnen, was er auch tat. Nach seiner Lehrlingsprüfung wurde er Tischler.

Seinen Beruf übte er sehr gerne aus. Auch wenn er nach 40 anstrengenden Stunden in der Woche bereit für das Wochenende war, konnte Lukas durch die Arbeit einen Sinn in seinem Leben finden. Mit seinen neuen Arbeitskollegen freundete er sich langsam an. Es schien so, als würde seine soziale Kompetenz auf das nächste Level steigen. Doch nach vier schönen Jahren in der Tischlerei wurde er arbeitslos. Leider wurde genau seine Tätigkeit von einem multifunktionalen Roboter ersetzt. Neue Arbeit zu finden, das war schwer, da Arbeitskräfte bloß in Jobs gesucht wurden, die er nicht ausüben wollte. Langsam aber doch fiel er in eine Depression, woraufhin er beschloss, einen Psychiater aufzusuchen. Doch als jener mit einem standardisierten Test, so wie damals in der Volksschule, seine Probleme identifizieren wollte, stand er auf und stürmte unzufrieden aus dem Geschäftsgebäude.

Zu Hause angekommen, legte er sich schlafen. Nach dem Aufstehen wurde ihm bewusst, dass er nun einiges verändern musste, um sein Leben leben zu können. Teure Markenprodukte konnte er sich schließlich nicht mehr leisten. Am nächsten Morgen ging Lukas einkaufen. Das Kassensystem erfasste seine Produkte und plötzlich bekam er eine E-Mail von seiner Krankenversicherung. Da das Risiko an schwerwiegenden Krankheiten zu erkranken durch seine plötzliche Ernährungsumstellung drastisch gestiegen war, wollte auch die Versicherung mehr von seinem Geld. Schließlich musste die Versicherung von einem höheren Risiko ausgehen. Seine finanzielle Lage verschlechterte sich demnach noch mehr.

Mit seinem letzten Notgroschen tankte Lukas sein Auto voll, um sicher nach Hause zu kommen. Diesen Schock musste er erst verdauen. Als er feststellte, dass er zu wenig Geld zum Tanken besaß, wurde ihm ganz schwindelig. Regungslos fiel er zu Boden, ein Rettungswagen war schnell an Ort und Stelle. Zügig wurde er ins Krankenhaus gebracht. Die Ärzte stellten einen kleinen Tumor fest, der sofort entfernt werden musste. Dank der neuesten KI-Fortschritte war solch eine Operation ein Kinderspiel. Vom Menschen trainierte KI-Algorithmen konnten mit Präzision Tumore schnell entfernen. Auch die nötige Nachbehandlung könnte schnell analysiert werden. Lukas hatte jedoch Pech. Im Krankenhaus, in das er eingeliefert wurde, mussten Ressourcen gespart werden. Die Anschaffungskosten für solch einen lebensrettenden Roboter waren zu hoch. Ärzte operierten ihn noch am selben Tag, mit bleibenden Schäden musste er jedoch rechnen.

Auch wenn sich Lukas langsam erholte, fand er keinen geeigneten Job. Schließlich konnte jeder Arbeitgeber in einer digitalen Krankenakte sehen, dass er nicht gesund war. Deprimiert drehte er zu Hause den Fernseher auf und schaute sich die Nachrichten an. Als besonders beunruhigend empfand er die Nachricht, dass eine mögliche „Superintelligenz" in Tankstellen, Trafiken und anderen großen Betrieben den Strom ausfielen ließ. Zu schädlich sollen laut KI Zigaretten, Alkohol und weitere Produkte für den Menschen sein. Eine Massenpanik brach aus und Supermärkte wurden geplündert. Da jene „Superintelligenz" dies verhindern wollte, wurden alle selbstfahrenden Autos gesperrt. Unglücklicherweise waren auch Rettungs- und Feuerwehrautos betroffen. Das System kollabierte, die Wirtschaft brach innerhalb kürzester Zeit zusammen und eine immense Inflation machte selbst den reichsten Milliardär zum armen Mann.

Ein Best-Case-Szenario

Es lebte einst im Jahr 2047 ein Junge namens Lukas. Auch wenn in der Welt, in der er lebte, nicht immer alles perfekt war, starben immer weniger Menschen am Hungertod. Auch bei Krankheiten und Pandemien wussten sich Wissenschaftler zu helfen. Neue technologische Fortschritte ermöglichten die Entwicklung von sicheren Medikamenten und neuen Impfungen. Mit einem guten Immunsystem schickten ihn seine Eltern in den Kindergarten. Dort konnte er mit Spielkameraden Spaß haben und auch mit Erwachsenen, den Kindergärtnern, in Kontakt treten. Das regelkonforme Interagieren mit Kindern und Erwachsenen erlernte er von selbst und war bereit für die Einschulung.

In der Schule lief anfangs nicht alles wie geplant. Die neuen Lehrer waren ihm wenig sympathisch und auch mit einzelnen Schulkameraden verstand er sich nicht. Seine Lehrer erkannten jedoch seine Probleme und gingen fürsorglich und vorsichtig auf ihn ein. Seine Bedenken lösten sich nach wenigen Monaten in Luft auf und er konnte sich auf das Lernen von Inhalten konzentrieren. Seine Eltern erkannten schnell, dass er sich in der Schule schwierig konzentrieren konnte. Schließlich wollte er Zeit mit seinen Freunden verbringen. Um trotzdem später einmal ein schönes Leben haben zu können, beschlossen seine Eltern, ihn zu Hause eine Lern-App zu installieren. Schließlich konnte Lukas gut mit technischen Geräten umgehen, da er schon von klein auf mit ihnen in Kontakt gekommen ist. Die Lern-App war genau auf seine Bedürfnisse zugeschnitten. Machte er einen Fehler, wurde der Algorithmus sofort verändert, sodass sich Lukas genau auf seine Schwachstellen konzentrieren konnte. Durch die spielerische Art lernte er zu lernen und es machte ihm sogar Spaß. Seine Noten verbesserten sich und er beschloss, ins Gymnasium zu gehen.

Auch dort waren Noten kein Problem für ihn, da er grundsätzlich gerne lernte. Von einem Fach war er besonders begeistert, da auf der einen Seite der Lehrer sympathisch war und auf die Schüler einging, und auf der anderen Seite das Thema für Lukas sehr spannend war. Er genoss den Informatikunterricht schließlich so sehr, dass er unbedingt in jener Branche später tätig sein wollte. Nach der Matura überlegte er ein Studium zu beginnen. Er entschied sich allerdings dann doch für die Arbeitswelt. Er wollte sich in einer kleinen Elektrofirma beweisen.

Die Arbeit gefiel ihm sehr. Besonders beim Bedienen der Roboter, welche für die Herstellung von Bauteilen verwendet wurden, verging die Zeit wie im Flug. Angst ersetzt zu werden, die hatte er auf keinen Fall, da der Geschäftsführer des Unternehmens auf menschliche Kompetenzen achtete. Schließlich musste ja jemand den Roboter bedienen und bei Problemen eingreifen. Einmal im Jahr musste der Roboter auch gewartet werden. Ein Mitarbeiter einer Wartungsfirma stattete deshalb dem Unternehmen immer wieder einen Besuch ab.

Nach der Arbeit musste Lukas noch sein Auto voll tanken. Dies konnte er auch mit gutem Gewissen tun, da der Treibstoff umweltfreundlich und günstig zugleich war. Forscher entwickelten diesen Treibstoff, um den Verbrennungsmotor zu retten. Zu Hause angekommen, fing seine Uhr an zu piepsen. Diese Uhr überwachte alle Vitalfunktionen seines Körpers. Da seine Temperatur etwas erhöht war, legte er sich schlafen und trank vorher noch einen gesunden Vitaminsaft. Gesund und munter wachte er am nächsten Morgen auf.

Auf dem Weg zur Arbeit fragte ihn ein Mann um Hilfe. Er erzählte Lukas, dass er von China nach Europa gekommen war und einen Supermarkt mit besonders großer Auswahl in der Nähe suchte. Obwohl der Mann weder Englisch noch Deutsch sprechen konnte, war das für Lukas kein Problem. Ein

Sprachassistent übersetzte das gesprochene Wort innerhalb von Sekunden. Auch die Antwort von Lukas wurde so übersetzt, dass der Fremde alles verstand. Anschließend machte er sich auf den Weg und folgte seinem Navigationsgerät auf dem Handy.

Nach einem anstrengenden Arbeitstag machte sich Lukas auf den Weg nach Hause. Dort angekommen, wollte er einen lustigen Netflix-Film sehen. Der Algorithmus empfahl ihm einen Film, den er wohl nie vergessen wird, da er so viel lachen musste. Zufrieden schlief er mit dem Hintergedanken, morgen wieder arbeiten zu dürfen, ein.

ABBILDUNGSVERZEICHNIS

Chat GPT - Ein Buch von mir, über mich

von Niklas Schügerl

ChatGPT, das bahnbrechende Sprachmodell von OpenAI, hat die Art und Weise, wie wir mit Computern interagieren, für immer verändert. In diesem fesselnden Buch entdecken Sie die faszinierende Welt von Chat-GPT und erfahren, wie es menschenähnlichen Text erzeugt und unsere Kommunikation mit Computern auf ein neues Niveau hebt.

Dieses Buch wurde mithilfe der Künstlichen Intelligenz Chat GPT erstellt

Niklas Schügerl, geboren im Jahr 2001 in Wr. Neustadt, aufgewachsen in Neudörfl im Burgenland, maturierte an der Bundeshandelsakademie Wr. Neustadt und studiert seit 2022 Publizistik- und Kommunikationswissenschaften an der Universität Wien.

Schügerl ist ein Pionier auf dem Gebiet der Künstlichen Intelligenz. Als Autor des Buches "Chat GPT - Ein Buch von mir, über mich" bietet er einen einzigartigen Einblick in die Welt der KI aus erster Hand. Jenes Buch wurde außerdem mit Chat GPT geschrieben und ist einzigartig im deutschsprachigen Markt. Seine Expertise teilt er regelmäßig als gefragter Referent bei Fachvorträgen.